L'École de demain

Propositions pour une
Éducation nationale rénovée

未来的学校

基础教育革新建议

[法] 让–米歇尔·布朗盖（Jean–Michel Blanquer）◎著

刘敏　张自然 ◎译

教育科学出版社
·北京·

目　　录

序

大 平 衡

> "养育和教化孩子可能是所有人文科学中最重要也最难的事情。"
>
> ——蒙田（Montaigne），《蒙田随笔》
>
> 第一卷第 25 章

  面对 21 世纪的重重挑战，法国社会正处于十字路口。诚然，法国社会继承了笛卡尔的思想并得益于法国的创造力，在迎接未来的挑战时具有关键优势。但是，技术进步带来的焦虑、经济下滑与社会分化造成的风险、现代化进程中原教旨主义反抗带来的危害，还有社会内部，特别是表现在教育系统中的固有的隔阂，这一切都使法国当前的模式受到重重质疑。

这种形势迫使我们必须制订一项哲理清晰、便于执行的教育计划，既着眼于法国的未来，又能够解决学校日常运转中出现的主要问题。这恰是披荆斩棘开辟新路，让整个社会关注学校发展以帮助儿童和青少年走向成功的时机。

革新的方向可以凝练成一个词，这也正是法兰西共和国发展的核心：自由。学校为自由而生，学校的存在源于社会的一个共同理想：今天的孩子们会成为未来自由的成年人。这一观点并不是贬低或消解自由，而是强调自由的生成，也就是说，自由是建立在儿童成长为青少年和成人过程中不断获得的知识和自主性之上的。另外，21世纪，教育的边界也发生了变化。每个人都被要求终身学习，知识比以往任何一个时期都更是社会的核心，自然也成为文化、政治、经济和生活的核心。

这一源自法兰西共和国成立之初的教育理念恰恰与21世纪的育人观念相吻合。其实，人本身就是能够被教育、自我生长、实现科技进步、对根文化充满自豪的物种，人类孕育了世界的多样性，这也是本世纪最为重要的一个特征。当今时代最重要的一项挑战，就是在技术不断进步的同时，如何实现人文社会，教育如何帮助人们成为未来的主人。

在这一背景下，法国并不缺少优势。首先是法国的历史，其次是法国的教育理念，都使得法国能够与取得卓越成绩的不同路径相交叉。正如不少国家，特别是亚洲国家，借助其严谨的教学取得了很好的教育成绩。而另外一些国家，如北欧和美洲国家，则因为推广促进儿童全面发展和"教学现代化"取得了成功。法国有能力融合这两种成功的模式，虽然我们常常认为这两者是对立的，但如果我们可以明辨两者，就能够建立一种融合传统与现代、个人发展与严谨教学、努力与自由的平衡的模式。

这种平衡需要确定一种行动方法。事实上，每个法国人对教育都有自己的见解，继而常常引发一些矛盾争论乃至冲突，因为偏执一方的观点支持的教育改革表面看着有道理，结果却是致命的错误。比如20世纪70年代的经验，全局法造成了教学灾难，到现在才逐渐得到扭转。[1]

在积累了许多经验，走过很多弯路之后，教育系统从此应该找到其平衡点。教育系统在其自身特征的基础之上，应该求助于历史经验、国际比较与科学研究这三个理解未来的核心支柱。

首先来看我们常说的经验。我们其实应该从失败中吸取教训，认清我们的不足与强项。这里不是要宣告法国处于悲惨的境地、教育系统偏离正道。现实的情况更加矛盾重重、复杂多样。有的中小学运转精良，有的中小学运行糟糕。地区发展也是良莠不齐。有的教育主体锐意创新硕果累累，有的却停滞不前，或仅是遇到一些困难。如此，法国教育本身就很微妙，我们需要借鉴经验，从失败中学习，认识到历届政府的成绩和错误，以便更好地走向成功。其实，教育问题的本质是政治的问题，因为教育关乎我们的未来，它比任何一个领域都更直接地参与到社会的方方面面。然而，教育却不是政治家的问题，因为教育的时效远远超越了政府任期、政党更迭，法国所经历的教育教学改革，其影响延续至今。

第二个关键支柱就是国际比较。今天，纵览全球，有的政策行之有效，有的则劳而无功，有的国家实现了比他国更好的发展，国际研究越来越重要。没有放之四海而皆准的理念。但今天所有人都知道 PISA（国际学生评估项目），它可以让我们更好地了解教育水平并进行比较。这些研究还可以超越媒体所展现的简单的数据结果，因为它反映了近 40 个国家和地区 15 岁学生的具体能力。PISA 测试揭示出 2000 年以来学困生数量的增加（数学学困生增加了 124%，阅读困难学生增加了 24%），而法国是 OECD（经济合作与发展组织）国家中社会经济背景对学业成绩影响最大的国家。PISA 之外还有其他的国际研究项目，比如 PIRLS（国际阅读素养进展研究）等。确切地说，学业成绩评价将成为未来几年的发展趋势。因此，我们本着谦虚的态度关注这些数据，并不是因为法国要模仿哪个国家——因为法国需要找到自己的道路，而是因为我们可以从涵盖几大洲的经验中受益。

第三个支柱是科学。今天，数字化发展引发了社会和经济领域的深层变革。应该说这种变革是多重的：3D技术、大数据、社交网络、人工智能、区块链等。与此同时，另一种革命也伴随而生，对教育产生了决定性影响，这就是认知科学的革命。当前认知科学的发展才刚刚起步。我们开始认识人类的脑只不过是最近二三十年的事情，而对于人脑的认知将进一步影响我们的教学方式以及教师的培养。这并不是说我们掌握了一种科学主义的方法，要让认知科学成为决定教育领域各方面的指挥棒。神经科学不是统领一切的新教条，它可以让我们更好地理解认知发展的各个阶段。神经科学同样不失为一个重要的里程碑，它让我们认识脑、发掘人脑潜能，从而让每个人找到自己独特的成功路径。既然认知科学告诉我们，每个人都是独特的个体，认知的能力与路径既有共同模式，又存在个性差异，教育就要考虑到这些差异。认知科学还显示，每个人的潜力是巨大的。这是一条全新的有关人类本质的积极讯息，因为只有教育才能够激发人的无限潜能。比如，3 个月大的婴儿就可能表现出对概率的认知，正如儿童早期展现出记忆能力。由此研究证实了从出生到 7 岁基本认知机制发挥的作用。这也确认了早期教育政策的重要性。新时代的人文主义不是要忽略新的知识，而是要有所选择，以促进所有儿童全面发展为目标。

从这三个支柱出发，才可能建立一种以自由为目标的客观方法。而且，恰是受益于历史经验、国际比较和科学结论，教师聘任、教师的职前培养和职后培训、家校关系、地方教育部门的能力等教育系统中的关键杠杆才能适应不同地区的情况，从而促进教学上宏伟目标的实现。

正是在这些基础问题之上，我们需要重构 21 世纪的理性。我们要在关于人类的各个维度都给教育留出一个位置。艺术、生活中的诗学、对于意义的追求、对于他者的理解都不断丰实着这种新的教育。关于平衡的理性有益手脑、益于身心、旨在追求自由，因为我们需要能够以理智、理性、科学的方式思考问题，能够聆听并尊重他者的儿童、青少年与成人。为此，教育系统应发挥其适应性，率先垂范。

显然，学校教育是法国面向未来做出选择的关键。然而，教育乃长久之计，所以现在我们要做的就是选择道路：一方面保持必要的政策连贯性，并做出必要的改变；另一方面从长远的角度上致力于建立一个和谐社会和团结的法兰西共和国。

还需要确定一套基于实验的行动方案，确保改革的方向与力度。事实上，创新和实验都是寻求学校平衡的前提条件。

为了这项使命，我们加入了蒙田学院（Institut de Montaigne），得到了一群共同致力于学校改进的行动者和教育问题专家的支持。他们的经验、观点和热情也成为本书的源泉，在此我对他们表示感谢。

我们曾共同探索让每个法国孩子都成功的教学，也寻求培养法兰西公民的教育。统一的超越各类差异的国家意愿根植于学校。正是基于这一意愿，我们才能成为强大、团结和领先的国家。

幼 儿 园

> "学校应该允许孩子自由地开展活动，这样才能诞生科学的活动：这就是必要的改革。"
>
> ——玛丽亚·蒙台梭利（Maria Montessori）[2]

所有旨在促进教育和机会公平的宏伟理想都必将早期儿童发展置于公共政策的优先位置。事实上，从出生到 7 岁这个阶段具有决定性意义，特别是对于那些不占有优势社会资源的儿童更是如此。发展的显著差距在早期阶段就开始显现并逐渐扩大，贯串整个基础教育阶段，甚至可能影响终身。因此，学前教育是一个决定性的阶段。既然几乎 100% 的法国儿童都实现了 3 岁入园，在保育园和家庭帮扶方面的政策关键就在于早期儿童语言发展上。

　　浸入式语言教学其实对低龄儿童的认知发展至关重要。
从 24 个月开始，来自社会弱势阶层的儿童就表现出语言能
力发展的迟缓。一个来自社会弱势阶层的 4 岁儿童比同龄富
裕阶层的儿童听到的单词少 3000 万个。认知层面上，如果
没有任何干预，弱势阶层家庭儿童的语言能力发展是较差
的。[3] 法国的学前教育体系备受推崇，但事实上从数量，特
别是从质量的角度上，法国的学前教育可以做得更好，比如
在现有结构上增强发展儿童语言的必要能力。

经验告诉我们

　　**幼儿园阶段通过一些间接策略，为基础知识的学习，
也就是未来的成功做准备。**玛丽亚·蒙台梭利博士在 20
世纪初就深刻理解了这一点，并极力强调学前教育的重要
性。[4] 她向我们展示，从幼儿园阶段起，就可以将所谓"传
统主义"的方法与"现代"教学法相结合。通过游戏、肢
体练习、自主学习——儿童的求知欲和能力在自主学习过
程中自然地展现——我们可以培养儿童的语言与社会能
力，这对于未来成功具有决定性的意义。自幼儿园起，就

逐渐勾画出学校教育的关键要素和通往更远未来的可能性。

第二次世界大战以来，学前教育被视为法国的一大王牌，受到许多国家的关注。很多国家具有相似的教育体系，但入园年龄较晚。这让我们感受到法国基于此而具有的强大甚至独特的力量，学前教育真正是国家的骄傲。

然而，20 世纪八九十年代之后，学前教育的发展逐渐萎缩。[5] 事实上，学校难以适应社会变革，特别是由于学困生比例增加而导致的学生差异性增大[6]，比如学生语言能力的显著差异。这正是 21 世纪初开始实施严格教学方法的依据，这种方法在 21 世纪第一个十年的末期尤盛。这一做法的中心思想明确：幼儿园的目标是为基础学习做准备，语言习得是学习的核心。因此，这就意味着要结束当时幼儿园教育的分散状况。这种做法促成了 2008 年法国政府起草了第一份真正意义上的国家幼儿园大纲。

这一导向硕果累累。国民教育部一份权威性研究显示，得益于新的教学政策在幼儿园的实施，1997 年到 2011 年期间进入小学一年级的新生水平首次显著上升。[7] 新生中水平最低的学生比例降至原来的三分之一，由 10% 下降到 3%。[8]

经验告诉我们学前教育拥有实实在在的优势，但是，这些优势的发挥需要国家系统的持续支持。积极的因素，特别是 2000 年以来的第二峰为我们指明了未来的方向。

国际比较告诉我们

虽然传统上学前教育一直被视为法国的优势，各类国际观察也印证了这一点，但仍不妨碍对于法国境外的情况进行研究。

国际经验可以总结为两种趋势。一种模式是学前教育促进儿童全面成长。典型代表是芬兰和它的"零年级"。芬兰学生的学业表现在多项国际测评中拔得头筹，特别是在 PISA 中，在近期优势被削弱之前，芬兰义务教育的起始年龄是 7 岁。7 岁前，6—7 岁儿童可以选择上一年的学前班，也叫作"零年级"。零年级或设在小学，或设在幼儿园。这一年中，儿童着重学习如何在社会中生活，并为将来入学做好准备。

相反地，另一种幼儿园或学前教育则纯粹为小学教育做预备。韩国便是如此。幼儿园接收 3 岁及以上儿童。幼儿园被视为小学教育的预备阶段，儿童在幼儿园学习数学基础，或者韩语和英语。

诚然，这两种学前教育模式植根于完全不同的文化与教育环境，却也勾勒出学前教育的两大趋势。

此外，还有一些国家值得一提，比如澳大利亚（2009年建立了儿童语言能力发展的早期评估：幼儿发展指数）和加拿大，这些国家关注每一名学生的家庭背景和个体特点，通过高度发达的统计工具满足每个学前儿童的特殊需求。[9] 为了使学前教育"对儿童的发展具有长效的积极影响，必须将重点放在人员队伍的质量和人员培训上，并确定围绕儿童认知与社交能力发展的目标"[10]。

科学告诉我们

在当前学前教育的组织形式下，教师不能投入足够的精力去关注那些最需要帮助的学生，派给教师的任务过多导致了教育效率的分散。布鲁诺·苏肖（Bruno Suchaut）近期的一项研究指出，教师平均每周花在基础学习（语言、阅读、算术）上的时间不到 8 小时。[11] 在一份 2007 年公布的报告中，阿兰·本托利拉（Alain Bentolila）同样指出了这种教学分散以及在基础知识学习上少得可怜的时间。[12]最近，公共政策研究院的一份报告指出，研究已证实，通过幼儿园和早教机构来促进儿童发展的教学大纲，如果要发挥正向效果，机构的活动应该更提早、更密集。[13]

这一结论导致我们的教育系统面临一些难以接受的悖论：超过三分之一的小学毕业生存在不同程度的学习困难，阅读、写作和计算能力弱。[14]但是，"研究证明如果早期就能够采用适当的教学方法，每个孩子都能取得成功"[15]。40年前的一些实验显示，0—5岁开展早期认知启蒙对人的学业成功、学习程度以及职业融入都将产生长期的正面影响。[16]这一类促进成功的活动并不难组织：分享阅读、认知游戏、每日一对一讨论等。但这一开创性的研究结论在法国的普及程度很低。

在OECD国家中，法国学生的社会经济背景对其学业成绩影响最大。[17]今天的法国在很多方面就像15年前尚未经历"PISA冲击"的德国。正因如此，我们必须从儿童早期就开展行动，以避免因社会阶层不同而造成儿童之间巨大的发展不均衡（见图1-1）。但今天**法国教育体系财政曲线与研究结论相悖：中等教育的拨款高于初等教育**。法国中等教育的生均成本（11109美元）比OECD国家平均水平（9280美元）高，然而，法国初等教育的生均成本（6917 美元）比 OECD 国家平均水平（8296 美元）低。[18]这也不符合诺贝尔经济学奖得主詹姆斯·赫克曼（James Heckman）的研究结论：在卫生、教育、安全、司法或社会服务领域，对早期儿童投资 1 欧元可以在日后节约最高 8 欧元。[19]

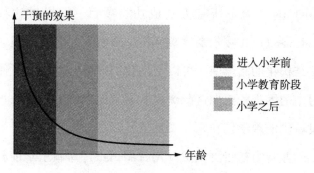

图 1-1　干预越晚，投资收益越低

此外，重要的还包括实施一些在预防学困——通常预示着未来就业困难——方面被证实行之有效的教学课程。在学习早期就出现阅读困难的学生，到后面也很难追得上。近80%的"辍学"生早在小学一年级就出现学习困难。**降低文盲率的最佳途径就是尽早确诊早期学困，并尽早预防学困的积累**。[20]格勒诺布尔两家幼儿园开发的**"娃娃说话"**课程与这一结论方向一致。[21]从幼儿园阶段开始，诊断哪些儿童需要特殊关照才能在阅读上取得同等水平，这种诊断能力取决于评估测试的使用以及一些简单的原则，即教学应该结构化、系统化、清晰化[22]。尽可能开展密集的训练，教学应个性化，因材施教，强化对最需要帮助的孩子的教学。

总体来看，受到约瑟夫·托格森（Joseph Torgesen）的哈斯菲（Hartsfield）项目、罗伯特·斯莱文（Robert Slavin）的"为了所有人的成功"项目、编辑琳达穆德（Lindamood）或威尔森（Wilson）的项目的启发而建立的一些结构化的阅读课，可以帮助我们理解并解决儿童阅读学习中的困难，正如这些课程所要求的严谨的教学法可以启发法国的教学创新。

幼儿智力初步测试法（Abecedarian）与佩里学前教育研究项目（Perry Preschool）使用了同样的方法，基于临床研究和随机抽样，将研究对象分为对照组与实验组。比较接受早期干预的一组（实验组）和未接受任何干预的一组（对照组），测算出干预的效果。此外，随机抽样（从同一组儿童中用抽签方式选择出对照组和实验组）选取了同质的研究对象，可以有效避免统计误差。这些课程经过严格的测评，证实了持续且有针对性地对社会经济条件较差的低龄儿童（0—5岁）实施干预可以对他们的人生产生持久的影响。

"为了所有人的成功"是20世纪80年代末期罗伯

特·斯莱文设计在美国推行的课程。研究者旨在以前沿研究成果为基础开发并推广教育课程。斯莱文受命结合前沿的研究成果，开发并推广教育课程。"为了所有人的成功"倡导从低龄（幼儿园）阶段开展合作式学习、结构化教学、教学时间最优化，还强调社会情感能力的发展。家长的参与和儿童自身的投入构成了课程的关键点。

20 世纪 70 年代实施的加利福尼亚幼儿智力初步测试法关注了四期（cohorte）弱势儿童群体。实验组的儿童受益于一系列优质的学前教育活动。从课程实施的第五年开始，干预对实验组儿童学业成绩的影响明显显现：小学阶段学业失败的比例开始大幅下降，这一影响一直持续到被试的高中阶段。后期，实验组儿童在高等教育阶段的表现同样验证了实验效果。课程还对儿童的智商产生了影响，经过对 111 名儿童的智商测试，实验组儿童的智商得分显著高于对照组儿童。

佩里学前教育研究项目在 1962—1967 年展开，并持续追踪至 2005 年。项目面向美国 3—4 岁儿童，采取了与上述实验类似的方法，对儿童的非认知能力，如动机、自律、社会性产生了积极的影响。另外，后期发现，受益于一种以决策和问题解决为核心的学前教育，这些儿童进入中等教育的比例更高。

此外，阿黛尔·戴蒙德（Adèle Diamond）构建的"心智工具"课程，致力于改善学龄前儿童的执行力，也取得了具有说服力的结果。通过自控力的训练，儿童的记忆能力和认知灵活度会发展得更好。

最后，还要提到的是让·德塞蒂（Jean Decety）的成果，这项研究证实了低龄儿童具有潜在的同理心，社会化能力早在幼儿园时期就开始发展了。[23]

我们要做的

幼儿园与小学构成的初等教育，其总体教育目标就是让每个儿童学会读、写、算，并通过社会规则的学习懂得尊重他人。这些都是从幼儿园就开始了。因为语言是认知发展的核心，**浸入式语言教学应该成为学前教育的首要目标和贯串始终的主线。幼儿园教育可以促进国家教育战略的落实，为更好地在小学阶段学习基础知识做好准备。**这才是解决社会决定论和社会再生产问题的途径，同时还要持续关注每个孩子的发展需求。

实施高质量的早期教育和动员各级各类教育主体是必

要的前提，要放在国家政策的优先位置，才能跨越意识形态的分歧。

基本方案

国民教育部应该建议教师使用把**语言放在绝对优先地位**的国家教学课程大纲。还要向他们传播受到研究启发并基于最科学的国际标准的教学实践和方法。

实施这样的教学大纲定然需要在师范教育和在职教师培训上倾注大量心血。**在师范教育阶段创建幼儿教育教师资格证**有利于教师关注认知科学前沿以及个性化教学的方法。资格证书也可以在职后培训阶段推广，事实上职后培训才是改变课堂教学实践的关键。

教师教育要在研究者和教师之间建立持续的对话，我们要不断丰富课堂和高水平科学实验室之间的交流。关于学科习得和学习（比如拼写或数学）的科研结论，还有关于记忆、注意力和相关影响因子的研究总结，都应该在教师教育中占有一席之地。然而，教学同样要求实践能力，不管多精确或多高质量的理论知识都还不够。因此认知科学应该辅助实践：评估工具的设计、个性化、系统化的进度、练习等。同样，逐步开展的教学也可以进一步推动研究。

在澳大利亚与加拿大，幼儿园普遍具有系统化地识别学习困难和学生特殊需求的能力。其实，学校大多倾向于放弃不能解决的问题，但解决这些问题本应是学校的工作之一。今天，10%—15%的学生接受过医学治疗，但其实仅有不到10%的学生真正需要医学治疗……那些真正需要医学治疗的孩子未必被要求接受治疗。[24]过去几年中，医学介入学困的情况越来越多，这也表明有相当一部分教师面对学困束手无策，而他们绝对本应该具备这样的能力。造成学习困难的原因往往是多样的，关键在于要**分清楚哪些属于医学范畴，哪些属于教育范畴**。[25]只有朝这个方向努力，才能更好地培养教师，帮助他们解决学困引发的问题，从而更好地按步骤从诊断学困儿童到越来越个体化地解决问题。幼儿园阶段促进语言习得和掌握的教学很大程度上都依赖于教师教育。[26]可以尝试逐步接触教学岗位的模式，**在师范培养中设置一个三个月的小学期，专门用于学习策略，比如浸入式语言教学工具，紧接着让学生进入幼儿园实习**。师范生学习过那些经科学证实的教学技巧，也会支持促进语言习得的课堂教学行为。[27]

这里还要再次强调，改革重点要放在对教育最有需求的地区：首先是特别优先教育区（réseau d'éducation prioritaire，REP+），其次是教育优先区（REP）和农村地区，最后推广至全国。在持续的经费支持下，这一建议是完全可以实现的。本来法国高等教育与教师学院师范生培养也要求在硕士第一年和第二年到中小学实习。

优化方案

在构成基本方案的几个不同要素之上，我们还可以更进一步，促进低阶层家庭子女的语言浸入式学习，从而预防大规模学困出现。为此，我们需要从班级规模入手。目前法国幼儿园的班级规模（师生比 1：23）要高于其他OECD 国家的平均水平（师生比 1：14）。[28]考虑到部分城市、城乡接合部或农村地区出现的集中性学业困难，像法国这样的国家应该可以**把特别优先教育区的幼儿园班级一分为二，随后这一做法可以推广至教育优先区**。[29]这一举措的人员成本巨大：现有大班一分为二，国家就要在初等教育阶段增加约 3500 个教师岗位。这些岗位每年大约花费1.2 亿欧元。

人们很容易认为队伍比例造成了教育系统的问题，有时这并不确切。但在学前教育问题上，这种影响力是确定的。[30]1986 年，美国田纳西州的一个实验揭示了班级规模对学业成功的影响程度（STAR 计划，11600 名学生，79所学校）。实验随机将学前阶段的学生分为三组（普通班22 名学生，小班 15 名学生，并为普通班配备一名助教），结果显示，小班额教学取得了更出色的成绩（英语与数学成绩平均高出 20%）。因此这类政策可以有效减少（减少60%—80%）美国白人与黑人间的教育不公平问题。

这项措施成本高，但将对语言习得产生确实的决定性影响。

幼儿园教育的关键对策

1. 将在幼儿园阶段开展浸入式语言教学放在国家政策的优先位置。

2. 将直接源于研究的、建立在最优秀的国际经验基础之上的、被证实有效的教学技巧推广开来。

3. 在师范教育阶段创建幼儿教师资格证,该项资格教育也可以在教师职后培训中推广。

4. 在师范教育中设置为期三个月的小学期,用于学习浸入式语言习得的教学法,然后在幼儿园中开展实习实践。师范生优先选择特别优先教育区和教育优先区完成实习。

5. 建立指标,起草儿童早期诊断方法,便于确定哪些问题属于医学范畴,哪些属于学习困难。

6. 加强学前课程中的艺术教育,以提高儿童对于艺术的敏感性和口语表达能力。

7. 将幼儿园班额缩减为现在的一半,从特别优先教育区到教育优先区逐步推行。

小　学

> "在知识中，孕育生命。"
>
> ——维克多·雨果（Victor Hugo），《私密日记》

　　幼儿园的重点是打造浸入式语言环境，**而小学的中心使命则是确保每个学生获取及掌握基础知识**。小学是儿童义务教育的关键时期、对学生潜能影响最深刻的时期，小学也是解决教育系统不公平问题的关键阶段。

　　必须要在小学一年级到五年级把基本的知识和技能传授给所有学生。* 这一核心目标在极大程度上取决于**个性化学习的能力**。教育的目标是让孩子们掌握阅读、写作和计算能力，同时树立尊重他人和热爱祖国的价值观。但是

---

　　* 法国现行教育体系，小学为五年制，初中为四年制。——译者注

在今天，统一的标准化的教学不再像 20 世纪时那样受到推崇，个性化的学习才能顾及每个儿童的需求。因此可以说，学校教育是由孩子在学校度过的时间以及教学的质量所决定的。因此要保证学校教育的时长，提高课外学习的效率，从而提高学生整体在基础教育阶段的学习程度，也就是要保证每个孩子每周在学校的 26 小时课程，在此基础上发展个性化学习。

经验告诉我们

学生的学业成绩下降已成为法国过去 30 年的突出现象，由此不断加深了社会对于小学的不信任。[31]在此强调这一点，是为了直面争议，哪怕被指责为保守主义。这一观察是基于客观的数据：波士顿大学所主持的针对 11 岁儿童的 PIRLS 可以测量出法国学生的阅读表现，并能与参加该研究的其他国家进行比较。**法国 11 岁学生的阅读能力（520 分）高于国际平均水平（500 分），但低于欧盟国家平均水平（534 分）**。PIRLS 成绩揭示出法国相当比例的学生在早期就出现了严重的学习困难：5%的法国学生没有达到这一阶段应取得的任何能力水平，而在德国和意大利，这一数字仅为 2%；另外，还有 20% 的学生未达到 2级，这应该算标准中最基本的一级，而荷兰的这一比例仅为 10%。此外，国民教育部预测与评估司针对法国学生的PIRLS 成绩展开分析，结果发现，"教育优先区"（后期演变为"优先教育网络"和"特别优先教育网络"）与非教育优先区的学生成绩差异非常明显，平均成绩分别为480 分和 523 分。[32]

　　在过去很长一段时期，法语拼写和语法掌握的情况每况愈下，1987 年、1997 年和 2007 年，同一份听写测试的成绩可以印证这一观点。[33]提及这一点并非出于保守主义，而是拒绝任何迂回与借口。我们必须承认，学校教育没有足够重视法语语言的浸润式学习以及基础知识的掌握，这绝非危言耸听，而是实实在在发生在课堂中的现实。未来几年中学校教育的一大挑战就是**把语言的学习放在绝对重要的位置上**，特别是借助一些已被证明行之有效的技术和工具。首先还是要通过语言的浸润，这一点在讲到幼儿园的时候就谈到了；其次是要在从幼儿园大班到小学的前几年，加强背诵、重复、想象、练习以及一些妙趣横生的应用，比如培养对于故事的兴趣，或是使孩子愿意经常诵读一些爱国主义经典，或是读一些小说。

国际比较告诉我们

国际比较再次证实，结构化的、明晰的、围绕基础知识学习的教学法具有诸多优势。这是亚洲国家和地区普遍采用的模式，如日本、韩国、新加坡和中国香港，这些国家和地区在 OECD 每三年组织的 PISA 中都有出色的表现。PISA 是对 15 岁学生所进行的技能评估。

新加坡的小学招收 6—12 岁儿童，学制六年，小学极其注重基础知识的获取：母语、英语、数学。小学二年级学生每周的课程表如表 2-1 所示。

表 2-1 新加坡小学二年级课程表

时长	科目
7.5 小时	英语
6 小时	汉语
5 小时	数学
2 小时	体育
1 小时	公民与道德教育
1 小时	音乐

续表

时长	科目
1 小时	美术
30 分钟	社会研究
2 小时	主动学习课程：加强体育、美术、音乐或书法课程
1.5 小时	每周一早上互动学习，随后是集会、个性发展课程或教师沟通

如表 2-1 所示，新加坡小学二年级每周 26 课时必修课中，19 课时用于基础学习。此外，从四年级开始，学生接受第一次课程分层测试。在测试中取得优秀成绩的学生可以继续接受该门课程的"标准"教学，如果学生在某一学科遇到困难，则会进入**基础班**（foundation）学习。这一**方法按能力分组**（streaming），从而促进学生继续深入学习所擅长的课程，并在表现不佳的课程上及时追赶。

2009 年和 2012 年的 PISA 测试中，新加坡学生的数学成绩表现尤为出众，前面提到的亚洲国家和地区排名紧随其后，然而法国的排名仅处于第 25 位。从中不难看出，课程安排中数学所占的比例及其教学效率对于学生学业表现的排名具有直接影响力。高效率的课程教学基于一套严谨、简洁、渐进且清晰的学习过程（解释概念，随后进行应用）。按照这种学习方式，学生重复使用数学概念和运算，直至完全掌握。在这一过程中，重复性练习、解决多种应用题能够帮助学生循序渐进、不断深入地熟悉数学概念与运算。

这套严谨且简明的教学法是新加坡教育部设计的，并在其他国家取得了同样的成功。如今，新加坡的数学课本已经被译成法语。

一些国家的成功经验表明，学业失败并不是必然的，其中典型的是约瑟夫·托格森于1993—1998年在美国佛罗里达州进行的试验。[34]通过在一所小学进行全面的组织和教学改革，该校学业困难的学生数量减少至原来的八分之一。托格森教授希望教学围绕阅读展开，从而使学生掌握阅读的核心能力（词汇、语感、字母规则、阅读的流利度）。这套教学法结构合理、清楚明确，并以重复训练为核心，其有效性将会在小学第三年（对应法国小学的三年级）得到检验。到了1995—1996学年，具有良好阅读能力的学生数量就已经翻倍，阅读能力较差的学生数量减少至原先的八分之一。该教学法最初在哈茨菲尔德小学试点成功，随后佛罗里达州近75%的小学推广使用了托格森教授教学法的部分原则。2011年，佛罗里达州在PIRLS排名中，以569分位居第二，法国仅获得520分。

科学告诉我们

今天，全世界教育系统面临的重要挑战之一就是要重视认知科学的最近研究成果。必须要让未来的教师掌握一系列基本的学习科学原则，从而可以让教师，包括学生家长，理解并在日常活动中实际运用教育领域的最新研究成果，从而让学生受益。

"教师效应"是指教师对于学生学业表现的附加价值，它是学生进步和影响学生学业表现的一个决定性因素。它甚至可能是唯——个可以抵消社会出身对学生的巨大影响的因素。最新的研究表明，教师的能力与教师所采用的教学行为是对学生学业成功最重要的影响因素。[35]斯坦福大学的一项研究发现，在一学年中，教学能力排名前 10% 的教师（属于"优秀教师"）的课堂中，学生可以掌握一年半的教学大纲内容。然而，排名后 10% 的教师仅能够让学生掌握教学大纲中一半的内容。这项研究证实，没有其他任何因素能够像教师的能力一样，对学生的学业成功产生如此巨大的影响。

这便涉及教学技巧。经过多年的激烈讨论，在阅读教学中如何取得最好成绩方面，人们似乎已形成了共识。正如法兰西学院实验心理学教席教授斯坦尼斯拉斯·迪昂（Stanislas Dehaene）指出的，存在一些最能够适应认知机制的教育方法和原则，他将其确定为七条原则[36]：

原则1：明细清楚的字母规则教学。

原则2：合理的教学节奏（由简入繁地学习音节与其对应的发音）。

原则3：结合阅读与写作主动地学习。

原则4：从字面意义到隐含意义过渡（可以更快地进行自主阅读）。

原则5：合理的举例与练习。

原则6：积极、吸引人、有乐趣地投入教学。

原则7：适合儿童的学习水平。

阅读学习的方法并不是唯一的，尽管有的方法不能立竿见影，但多种方法都被证实行之有效。[37]数学的学习亦是如此，正如米歇尔·法尤勒（Michel Fayol）在《书的学习》一书中所强调的。[38]桑德琳·加西亚（Sandrine Garcia）和安妮-克劳汀·奥雷（Anne-Claudine Oller）在近期发表的著作中推广外显式的教学方法。[39]她们指出，"数学亦是如此，学习中存在一些机械性的内容，比如计算"[40]。因此需要建议采用一套明晰的、循序渐进的、符合认知科学的、要求严格又目标远大的教学法。

图 2-1 表明，提升学业表现的不同因素是可以评价的，而且提高成绩并非一定要投入更多经费。在小学阶段推行前两种方法很简单，并可能产生群体效应。这就是为什么在小学阶段，改进教学法比改革组织形式更重要。

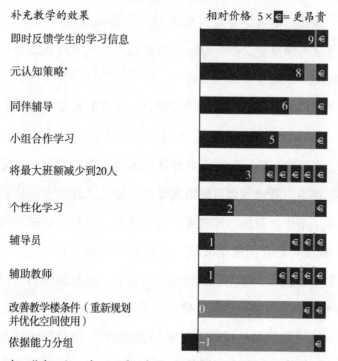

有效策略，其价几何？

教育策略的有效性和成本

补充教学的效果	相对价格 5 × € = 更昂贵
即时反馈学生的学习信息	9 €
元认知策略*	8 €
同伴辅导	6 €
小组合作学习	5 €
将最大班额减少到20人	3 € € € € €
个性化学习	2 €
辅导员	1 € € €
辅助教师	1 € € €
改善教学楼条件（重新规划并优化空间使用）	0 € €
依据能力分组	-1 €

http://educationendowmentfoundation.org.uk/evidencelearly-years-toolkit/

*帮助学生清晰地思考学习的过程

图 2-1　教育策略的成效和成本

我们要做的

为了迎接 21 世纪的挑战，小学教育必须加强两个着力点：传递基础知识和树立国家意识。

因此，语言学习是首要关键，其基础是**语法和词汇**。应该全面恢复句法的练习，从而加强儿童的分析能力与认知技能。在此基础上学习拼写，突出了法语的特殊性，不仅不会成为学习的障碍，反而可以撬动儿童思维的敏感度。[41]**数学计算**也应该采取相同的学习方法，加强四则运算、乘法表、应用题。**语言与计算的渗透学习就是通过重复、练习、背诵和学习规则实现的**，近几次教学大纲修订增加了不少的目标，却忽视了以上几点。此外，伊拉斯谟（Érasme）创立的教学大纲，其核心也强调了练习与重复的教学价值："专注、勤勉地对待课程，过量的练习有时会抑制学生的先天禀赋。然而，勤奋是一种持久的美德，每日练习所积累的成果，是难以想象的。"伊拉斯谟还指出，"为了避免忘记听课的内容，可以独自一人或与他人对所学的内容不断重复"[42]。因此在小学阶段，关键就在于提供一套明晰、循序渐进、目标高远且能够实现幼小衔接的教学。

小学也是传播社会主流文化和价值观的场所，首先要教会孩子尊重他人，这也是法兰西共和国的核心价值观。

我们需要在小学阶段通过一种简便、清晰和渐进的方式嵌入有关法国历史和地理的内容，让每个孩子都具备国家历史编年及地理空间的意识。

小学教育应该是严格、优质且有价值的，保障每一名学生能够展现自我、拓展潜力与才能，从而消解社会决定论。今日的共和国契约被封闭主义与激进主义所动摇，此时的法国，比以往任何时期更需要将信心寄托在教育之上。为此，**组织形式改革并不是必需的**。为了推动必要的教学改革，需要先明确教学的首要任务，而组织形式的变化都应为此服务。

基本方案

未来小学教育的首要目标是帮助所有孩子巩固基础知识。采取任何治理和监测的措施都应该为这一宏大目标服务。

我们又不得不再回到 2008 年的教学大纲，这套大纲体现了一种要求严格、目标明确、循序渐进的理念，包含了小学阶段最需要的学习内容。然而今天，与其就教学大纲争执不休，不如就此执行并在此基础上关注真正核心的内容，**即教学行为**。然而这还需出台**一套很详细的教学框架**，并制定切实的政策以**鼓励网络教学资源的研发（教材、合作平台、慕课等）**，以及为**优质网络教育资源树立品牌**。**师范生培养以及教师的在职培训**也将以教学方法和课堂管理为核心。总结起来，处理教学中师生关系的灵丹妙药是善意的严格要求。

作为小学教育的首要关键，教学实践应该以科研成果和国际比较为基础。由此看来，关键就是保障法语与数学课程的最低课时量（26 个总课时中要保证 20 个课时的法语和数学），并有意识地在课堂中采用最有效的教学法。督导的逻辑也应该以此为中心，有意识地为教师提供建议和支持。

小学教育的第二个关键是**评估**。小学二年级与小学五年级学年末的全国统一测评在 2012 年被取消，这一做法是灾难性的，因为它使我们失去了必不可少的测量工具和行动的方向指南。这一点毋庸置疑。评估是一种量化学生学业成绩的严谨的过程。成绩本身在任何情况下都不应受到谴责。只有成绩才能让我们追踪学生个体发展，并改善其学业整体表现。目前我们在建立学生档案并且有效帮助学生方面可使用的工具极为有限：测试成绩，或者更理想的工具是教师对学生习得能力或学习过程中的能力表现给出的评语。[43]今后，教育评估要进入一个现代化的阶段：应该建立恰当合理的指标，帮助教师和家长理解每一个儿童的强项与不足，利用优劣势分析促进儿童进步。这意味着学校必须**推动针对教学行为与学生知识能力成果的系统性评估**，教学评估应该与教师的教学行为相适应，方便家长理解，从而加强教师、家长与学生之间的交流对话。教育评估也应该在教育个性化过程中起到陪伴学生的作用，促进学生的成功。

不仅要重建全国性的教育评估，还应该将其扩展到小学学段的各个年级。由此，教育评估作为教育监测的工具，可以建立各个学年之间的关联，形成各届学生之间的比较，并促进教育体系内不同角色的责任化。此外，当获取数据成为教育民主化的重要手段，学校应该增强数据的透明度，**公开这些评估结果**。甚至更进一步，我们可以在整个小学阶段实行学年初和学年末的测评。这涉及一个重要的社会话题：假期导致的知识遗忘和教育不公平加剧的问题。一部分学生因为家庭环境，在学期之外依旧可以提高学习，而这些对于另一部分学生来说则很难实现。为了解决这一问题，可以考虑在暑假快结束的时候开设**分级补**

习班。若按 5 个学生为一组来计算，此类假期补习班每周的成本约为 400 欧元。这样在假期中给小学一年级和二年级的学生增加 3 周的分级补习班，每年的成本大概为 7000 万欧元。

小学教育的第三个关键是**个性化辅导**。2008 年教育改革中增设了每周 2 小时的个性化辅导，但现实中这一政策却不同程度地打了折扣。这一现象必须得到逆转。国家必须保障在整个基础教育阶段，每名学生一周 26 学时，其中 20 学时用于基础知识的学习，此外无论以何种名称或形式，都要为每一名学生提供有针对性的个性化辅导。为此，还应该**提倡按能力不同将学生分组**，比如学业困难的学生分成小组，学有余力的学生分成深入学习小组。通过课后的练习和复习，不仅可以保证学生充分理解课堂内容，掌握所学知识，而且可以及时解决学习困难，防止问题遗留。此外，**数字化技术与人工智能的发展**可以发展出更为有效且循序渐进的工具，可以适合每个学生解决自己的学习困难，并建立某种学习机制。

总体而言，小学阶段应该有针对性地使用数字化技术，正如蒙田学院近期的报告所示[44]：

——根据每一名学生的进步与困难开展个性化教学；

——使用收集的数据，提高教育系统的效能（提前预测学困，通过持续性评估进行细致的预测等）；

——提高学生的自主性与创造力。

为夯实三个关键，重要的还是要在小学阶段加强语言的学习，传递优秀文化经典。小学应该鼓励并**支持所有有助于培养阅读兴致和乐趣的教学创新**。

因此，在全国或地方范围内，学校可以促进甚至普及教学创新活动，特别是在课外活动时间，教学实践之外。比如"读书与分享"这个社团，就是邀请退休老人为幼儿与小学生读故事。这项活动不仅可以营造浸润式学习的语言环境，还有助于改善代际关系，促进学校融入周围社区。

同样，国民教育部可以举办假期阅读的大型推广行动，特别是在小升初的过渡阶段。2010 年以来，"夏日一本书"活动便部分地实现了这一目标，这项活动可以通过在学年末颁奖的形式做得更为系统化。借此机会，所有学生都可以阅读经法兰西学院遴选出来的文学名著。公立图书馆、书店也可以参与其中。这样，每一个法国的儿童都可以在暑假选择一本适合阅读的书籍，在开学时，或者初中入学阶段，教师和学生就可以一起依据这些书籍阅读指南就阅读展开讨论。这样的教学创新不仅是在突出付出和能力，而且是在传递国家文化瑰宝、激发阅读兴趣、建立社会关系，并且在暑期保持学生学习的状态，防止传统上假期遗忘的情况出现。

优化方案

更具雄心的一套方案建立在上述三个关键之上，是对小学教育的一种更深层次的变革。

在这一框架下，可以讨论小学的规章制度，比如关键点就是**小学校长的职责**，校长可以成为教师中最高的负责人，现在的小学校长还做不到这一点。40%的法国小学大概是每个年级 3—5 个班的规模。在此基础上校长就可以发挥其领导力，安排教学任务。将**最有经验、最有能力的教师安排在最关键的学年**，比如幼升小阶段。

另一关键是在小升初阶段，这一阶段的目标是让学生为升入初中更好地做好准备。为此，**建议可以在小学深入学习阶段（四年级开始），由一名教师全科教学，变成两三名教师共同教学**。比如可以由一名教师承担人文科目，另一名教师负责自然科学，从而帮助学生更好地完成小升初的过渡。芬兰的基础教育，对应法国的小学与初中教育，在早期便实行分科教学，并不断增加学科教师的数量。现行的法国教育条例，特别是 2005 年教育法第 34 条，都有利于开展这些关系学校未来的创新。我们仅需要，比如在此框架下设立项目，来鼓励学校参与其中。

小学教育的关键对策

1. 确保每一名学生每周26学时学校教育，其中20学时用于基础知识的学习。

2. 以现行教学大纲为基础，出台一套详细的教学框架，优先促进高效教学。

3. 依据科学标准，鼓励研发教学资源并形成标杆来促进教学改革。

4. 建立一套严谨透明的评估系统与指标体系，监测学校办学和学生学业表现。

5. 设立假期分级补习班，帮助弱势家庭学生。

6. 保障每个学生真正获得个性化辅导。

7. 借助有效、渐进并符合学生个体发展水平的数字化工具，对抗学困，建立某种自主性机制。

8. 出台国家的假期阅读大纲，鼓励所有能够促进阅读特别是可以传播国家文化经典阅读的教学创新活动。

9. 鼓励学校将最有经验、最有能力的教师分配到最关键的学年（幼小衔接年级）。

10. 简化程序，推广可以让学生有两名教师（科学与人文）授课的经验，以更好地帮助学生实现小升初的过渡。

初　中

> "任何一种才能，都能寻求到幸福。"
> ——奥诺雷·德·巴尔扎克（Honoré de Balzac），
> 《古物陈列室》

初中教育常常被视为法国教育系统的短板。事实上，初中教育所具有的脆弱性显露出学校教育的诸多不足。但是，人们需要意识到，初中教育的问题起源于更早期的教育。80% 放弃学业的人在小学低年级就已经遇到了学业困难，而且对于初中阶段那些看起来无解的问题，幼儿园和小学往往是解决这些问题的关键时期。

目前为止，初中教育本身也有很多教学的、教育的、社会性的以及组织方面的问题需要解决。初中恰逢青春期的开端，对于整个社会而言，这都是一个关键阶段。古代社会为青少年，特别是男孩子，提供了宗教团体的群体活动。但是在世俗化的今天，这些群体组织活动被社区群体、团伙，甚至是帮派的形式所取代，与成人社会形成对立。埃德加·莫兰（Edgar Morin）将这种对立定义为"青年文化"与"成人文化"。[45]这一现象似乎是现代社会和后现代社会都无法避免的。然而，组织机构应该疏解这种矛盾，学校体系可以作为一个入口。因此，我们要为年轻人提供一个理想的、通过学业成功实现个人成长的组织，一个可以获得集体归属感的组织，这一点在初中阶段比在小学更为突出。

因此，初中教育需要克服的难点，就是寻找到自由与约束之间的平衡。自由是教育的终极目标，而约束在教师陪伴学生步入成人社会的过程中又是必需的。正如康德所言："教育最大的问题之一就是如何把服从于法则的强制与儿童运用自由意志的能力结合起来。因为强制是必需的。如何用强制性来培养自由呢？我应该让我的学生习惯于忍受对其自由施加的强制，并同时引导他去正确地运用自己的自由。否则，一切都仅是纯然的机械作用，没有教育，人们就不知道如何使用自己的自由。"[46]如果说这段分析不仅仅适用于初中教育，那么它对青少年时期这一阶段的意义更为重大。

　　未来，**公民教育范畴，即尊重与帮助他人**，在初中应该被赋予全新的内容，因为培养一名合格的公民与传授知识同等重要。今天的初中教育对于法国社会的融合施加的影响是灾难性的。正是在初中阶段，个体实现自我建构，社会奠定未来发展的基础，初中教育应该能够促进每个社会个体树立利他精神，以及对于法兰西共和国的归属感。

经验告诉我们

　　1975 年，《哈比法案》确立了法国的统一初中。这一改革在当时符合国家在人口、政治和社会领域的发展演变。事实上，为了促进社会融合及提高能力水平，让同一代青少年都进入同样的教育机构是非常重要的。[47]中等教育的大众化也正是基于这一计划。1960 年，进入初中的法国青少年有 150 万人。今天，法国共有 300 余万名初中生。1985 年，70%的初中生进入毕业班学习，而今天这个数字则为 97%。然而，这些数据背后也隐藏着巨大的隐患，28%的初中毕业班学生都曾留过级。根据 2012 年 PISA 结果，42 个参与测评的国家和地区中，法国学生的数学素养排名为第 25 位，阅读素养排名为第 21 位，科学素养排名为第 26 位。[48]

更为严重的是，法国**初中生的学业水平停滞在小学毕业阶段**。初中教育既没有让学生获取比小学阶段更多的知识，也没有填补前面学习中累积下来的漏洞。大多数情况下，初中毕业生与入校时的状况，其优势和不足，相差无几。今天，我们发现，20% 的初中毕业生从小学高年级开始就遇到了学业困难，他们始终没有掌握基本知识。总的来说，初中教育没有弥补小学阶段出现的学困，相反，这些问题更加根深蒂固，初中阶段的教育进一步加剧了不同社会出身的学生之间的学业不平等。此外，在过去的 30 年中，我们目睹着初中教学的统一化与标准化，结果导致教育无法应对学生水平的差异，不能弥补其小学毕业时在学业中出现的漏洞和困难，无法回应学生表现出的学习兴趣及发展愿景。

有超过三分之一的学生，其初中学习内容与后期的教育轨迹无关：初中结束后，58.4% 的学生在普通与技术类高中学习，普通与技术类高中教育以进入高等教育为目标；35.9% 的学生进入职业教育（职业类高中或学徒中心）；4.3% 的学生留级。

　　初中教育的大众化还进一步造成了学生学业水平的分层：有一部分学生在完成义务教育后，仍然无法掌握阅读、法语拼写及数学的基础知识。近几年，人们逐渐意识到，必须要为每年 11 万名跟不上正常教育轨迹、失去文凭的青少年寻找到一条出路，这就要求我们要对个体给予更多的关注。辍学被证明是可以通过有针对性的回应来解决的，辍学的原因正是初中教育无力弥补学生累积的学习漏洞。针对统一中学造成的学业困难，国民教育部近 40 年来的做法从根本上讲是在以下三个方向中摇摆：

　　• 初中教育的多样化发展：一方面，建立了欧洲班、双语班、音乐或舞蹈特长班等；另一方面，创建了特殊教育高中、职业教育预备班、技术类初中三年级、初中四年级教育等等。

　　• 初中教育的个体化发展：自 1977 年以来，单轨制统一初中建立仅两年后，国民教育部引入有关教育辅导、深入学习的措施。2011 年，初中一年级开始实施个人辅导的政策，随着初中教育改革，个人辅导在 2016 年秋季开学后普及到初中各年级。

　　• 初中教育的多学科发展：从 1977 年以来的补充教学到 2016 年推广的跨科目教学实践，借助交叉学科以拓展学习路径，等等。

2016 年初中教育改革显示，统一高中的概念由于平均主义而逐渐转向均质化。这种平均主义与真正意义上的教育公平却是相违背的。平均主义的做法，是删除教育中差异化的因素，这可能会让学生的整体水平走向更高，但却否定了精英和才能。这种路径的结果就是取消了精英的选择，古语言教学、双语教学都被取消了，专业的预科班也可能会被取消。初中会越来越均质化，也不具备化解问题的能力。在这一背景下，尽管促进跨学科教学是一种有趣的尝试，但效果却只能浮于表面，只有那些基础知识非常扎实的学生才能从中受益。现实中，贫困地区的学校改进机制已经被废除了。平均主义与教育公平对立。

因此，必须定义新型初中的教育目标。哈比初中教育改革 30 年后，2005 年法国才出台了《为了学校未来的规划与导向法》，提出了未来的学校在义务教育阶段核心素养教育的目标。**今后初中教育应该从统一初中转向共同初中**。保障所有儿童接受核心素养教育，并且可以依据其个体的能力和兴趣继续深造。

国际比较告诉我们

PISA 是 OECD 开发的面向 15 岁学生进行的阅读素养、数学素养与科学素养的测试。PISA 每三年开展一次，根据评估结果，学生的成绩表现各异，可以总结出两种重要模式：

• 亚洲模式：其实，中国上海、新加坡和中国香港几乎垄断了 2012 年 PISA 三类素养排名的前茅，日本和韩国紧随其后。

亚洲模式强调基础知识的传授、严谨、重复和个人努力。在这些社会中，价值的传递以及对于前辈的尊重至关重要，家庭与社会都紧紧围绕着学校，把孩子的成功作为一项核心价值，即便这样可能对孩子造成极大的心理压力。

• 北欧模式：主要以芬兰为代表，教育注重孩子的充分成长、自信、合作、学校教育的共识、社会融合以及学校自主性。

虽然在 2009—2012 年期间，芬兰的国际排名下滑，但芬兰的教育系统始终是欧洲国家中最出色的，至少在数学和科学科目上如此。

芬兰教育体系中，7—16岁实行国家大纲（"基础学校"），课程特别关注儿童个体的成长，突出团队合作的作用。

芬兰教育体系有三个特点尤为值得关注：第一，义务教育阶段为7—16岁，教育的延续性能有效避免法国学生所经历的小升初阻断。芬兰教育体系中的过渡期极其平缓，比如，从全科的小班教学逐渐过渡到分科大班教学。第二，芬兰的教育体系以自治著称，基础学校在运用课程大纲和起草学校规划上都具有相当的自由权，可根据校长起草的特定规划，对占总体25%的课时量进行自由支配。第三，基础学校的特点之一是学校内部有以校长为中心的工作小组，以解决学校各类问题，撰写学校规划。

德国构建了另外一种模式，这种模式保证了课程和学历的异质性，以适应学生的多元化和其经济情况的需求（见表3-1）。小学教育结束后，学生有两三条不同的道路可选，各州有所差异：

● **文法中学**（Gymnasium），学制八年的普通教育，毕业颁发中学毕业证书（Abitur），以高等教育为目标。

● **主体中学**（Hauptschule），对应旧时的高等基础学校，毕业生进入职业技术学徒教育。

●**实科中学**（Realschule），提供普通教育的深入学习，学制六年。

表 3-1　2003 年与 2012 年 PISA 成绩在教育系统公平性上的比较[49]

	法国		德国		OECD	
	2003 年	2012 年	2003 年	2012 年	2003 年	2012 年
学生家庭的社会经济地位与 PISA 成绩的相关性	19.6%	22.5%	22.8%	16.9%	16.8%	14.6%
家庭处于社会经济不利地位的学生达到成绩前 25% 的比例	7.4%	4.9%	5.6%	7.0%	6.4%	6.1%
来自移民家庭与本土家庭的学生成绩差值	54	67	81	54	47	37

约 60% 的学生选择进入后两类学校学习，毕业后进入学徒制教育或技术高中。在巴伐利亚州与巴登-符腾堡州，学校为学生选择学业方向。若家长与学校意见相左，学校就会为学生准备测试，或让学生在文法中学度过一段体验期，最终会形成一致选择。在下萨克森州与黑森州，学生家长则具有最终选择权。

整体而言，学业选择是多方表决后的结果，因为不同类型的教育培养出的高素质青年人都可以有较高的就业率。法国年轻人的失业率为 24.8%，而在德国仅为 7.8%。

德国的教育系统高度自治，2000 年德国 PISA 成绩并不理想，当局随即提出对策，增强各联邦州之间的协调，推出国家统一标准。因此在今天，Kultusministerkonferenz，即德国各州教育负责人联席会议共同确定各地的教学大纲和考试内容。德国在"PISA 冲击"效应下采取的一系列措施中，我们可以特别关注以下几点：

——教师使命的改变，教师要确保为学生提供学业支持；

——重新组织学校教育，建立**综合学校**（Gesamtschule），提供一条介于**实科中学**和**主体中学**之间的道路；

——部分中学的教学时间延长至下午；

——考试改革，在不同州的中学毕业会考中增加部分全国统一的内容，成绩可得到全德国各州认可；

——反思教学大纲；

——建立国家教育监测，结果向社会公开，从而可以促进学校改进教学行为。

全国教育监测改革在德国部分地区受到了阻碍，比如在不来梅和汉堡，但在萨克森州和图林根州改革得以迅速推进。

科学告诉我们

正如上一章所提到的，小升初是一个关键的过渡期。随着教师、教育共同体的成员等对话者不断增加，随着学生自主权不断提升，学校与学生家长之间的关系却不断疏远。这一疏离造成了违反纪律和旷课的问题，往往预示着成绩的下降，甚至是辍学。

2008 年新学期伊始，克雷泰伊学区在 40 所初中推行了"家长书包"的举措，这些学校主要位于教育优先区。做法很简单：每学年举办三场初中一年级学生家长与学校教学团队的讨论会。讨论会的目的在于让家长把握关键问题，从而可以更好地帮助孩子度过小升初的衔接期，更好地了解初中教育是如何开展的。随后还会通过随机抽样评价各项目标的实现情况：学生家长在学校与家庭的教育参与度（相关的认识和意识），家长参与对学生学业行为和学业成绩的影响。[50]参与这项措施的家长与教师碰面的机会更多，还会更多地参与家长联合会组织的一些活动。

家长参与对学生整体的学习态度有显著正面影响：叫

家长、旷课、临时停课的现象明显减少，班主任对学生的警告也减少了，更多的是肯定（表扬、鼓励等）。参与"家长书包"这一措施的家长给予孩子的好影响弥补了来自管理层的家庭（样本中有 20% 家庭状况最为优越的学生）和其他家庭之间的差距。

同一思路下，"初中毕业班家长指导"旨在加强学校与家长之间的对话，从而更有效地预防辍学。[51]这一做法最早在 2010 年凡尔赛学区主要来自教育优先区的 37 所初中试验，面向平均分为 9 分*的初中毕业班学生家庭。

以下统计数字能够帮助我们更好地了解这项试验的背景情况：

——这些学生中有 67.3% 申请了普通、技术或职业高中教育；

——77.5% 的学生家长认为孩子会取得中学毕业会考文凭（包含各种类型教育）；然而初中毕业班中即使平均分为 10—12 分的学生，也仅有 30% 可以成功取得中学毕业会考文凭；平均分不足 10 分的学生，中学毕业会考的通过率大概为 8.2%。

这一做法的经验在于，初中毕业学年，一月到三月间由校长召开两场平均分为 9 分的学生的家长会。这类学生

---

* 法国教育系统采用 20 分制，10 分为合格。——译者注

一般会有两种发展方向：

——不准备考取职业能力证明或接受学徒制教育，而打算参加中学毕业会考的学生，一般会留级，然后辍学；

——直接选择学制较短的职业教育的学生，基本很少辍学。

"初中毕业班家长指导"的做法是将参加学生分流会议的家长人数增加25%。这类会议基本上可以让家庭更好地做好孩子的学业规划：放弃以中学毕业会考为目标的普通教育，更多地选择学制较短的教育，从而可以使辍学和留级人数减少三分之一。

因此，研究表明，校外因素与校内因素对于学生的学业成功、勤勉、动力以及对抗社会决定论等方面同样重要。按照这一观点，寄宿制学校是一个关键，因为在这类学校可以完全尝试控制各类校外因素。那么，**寄宿学校模式**是否可以显著提升贫困家庭学生的学业成绩呢？学习环境对学业成功具有巨大影响，这是优秀寄宿制学校的前提。2009年开始推行的"卓越寄宿学校"项目中，更好的环境、更严格的监管、导师制、辅导课以及教学环境都对学生学业发展产生了积极影响。

塞纳河-马恩省的苏尔丹寄宿学校是首个参与该项目的学校。该项目面向11—16岁学生，从全国平均水平来看，他们的学业成绩中等，但就当地水平而言，他们已经是学校中的好学生了。为了衡量项目的效果，国民教育部对学生开展了随机抽样调查。巴黎经济学院的四名研究人员历经三年进行了追踪研究，追踪对象包括苏尔丹寄宿学校录取的 258 名学生（实验组）与 137 名曾申请入学但最终就读于"传统"公立中学的学生（对照组）。[52]

"寄宿学校效应"体现在学校一日常规安排上：每天，苏尔丹寄宿学校的学生写作业的时间相对多出 0.8 小时，看电视的时间少 0.9 小时。两年后，成绩差异开始显现，特别是数学成绩，标准差为 40%，而且出勤率也高出很多。苏尔丹寄宿学校实验项目还可以测量出寄宿生的自信心：他们中志愿申请进入人人学校预备班的学生多出近三倍，志愿攻读硕士学位的学生多出四分之一强。2016 年，苏尔丹寄宿学校毕业班的学生 100% 取得了中学毕业会考文凭，一名学生摘取了普通高中会考经济与社会科的状元。在杜埃市、努瓦永市、蒙特谢-莱丝-美恩斯市，一些没有被取消的"卓越寄宿学校"中的学生优秀率也非常显著。

我们要做的

如果说统一初中的创建是一个时代不可避免的产物，那么今天，应该重新定义初中的教育目标：初中是小学的延续，还是高中的预备？

今天，初中必须确保与小学教育的衔接。初中教育完全在国家"知识、能力与文化的核心素养"逻辑框架之内。初中教育应该包含小学已开展教育内容的全部，从而为人生的第一个阶段——从出生到 16 岁，从儿童和青少年教育到迈入成人阶段——画上一个句号。掌握语言依然是初中教育的重中之重。加强词汇和语法的学习、品读文学经典都是初中教育的关键。[53] 在建立统一初中的 40 年后，法国依然面临着双重挑战：一方面，在初中延续小学的教育，完成基础知识的扎实学习和完全掌握；另一方面，赋予学生多元智能以及各种能力表现和深入发展以价值。正是为了迎接这一双重挑战，才酝酿出新初中的设想。

基本方案

如前文所述，法国的小升初明显存在断裂。芬兰在解决这一问题上采取的做法是逐渐让学生适应单科教师。应该绝对避免一股脑地把学生扔到水池里，而是要让他们逐渐适应水池。为此，我们要在小学和初中之间建立更多的桥梁，保障衔接。当然断裂不可避免。近期在小学四年级到初中一年级的小学阶段建立"第三阶段"就很有意思。

同样，也可以把**初中一入学的九月作为融合过渡期**，比如做一些外出活动或前文提到的围绕全国范围内的假期阅读开展学习活动。这一时期也是一个很好的机会，可以向学生和家长介绍初中教育的关键，在初中一年级以及未来的四年学生可能出现的情况。

这也是一个机会，可以向学生和家长阐明学校特色规划以及这些年来采取的教育战略取得了哪些成果，从而可以帮助学生做好自己的发展规划，找到一些重要问题的答案：为什么我来上学？学校里会发生什么？这所学校有什么可以帮助我和同学们实现未来规划？

同样地，我们显然要**增强现有机制，以促进小学五年级与初中一年级之间的联系**，特别是中小学教师之间的教学实践交流。

此外，教育系统在地方组织层面的变革也要寻求改善小升初的协调，这一点也是国家"知识、能力与文化核心素养"的逻辑。[54]这需要依靠**家长参与到学校教育目标与教**

学规划中。因此，新初中的定义应该清晰、明确，包含整个初中阶段学生应该学习的内容，特别是"知识、能力与文化核心素养"以及未来评估中会涉及的模型。在初中各个年级推行"家长书包"的做法可能会是实现这一目标的强有力的杠杆。

另外在一些棘手问题较多的初中，安排一些教师和家长的会面显得更为有用。

初中还应该向学生提供更好的环境。事实上，在今天，学生家长越来越难跟踪孩子的学习情况，或是因为他们职业的限制，或是由于他们离学校教育太远。因此确立了一条简单的原则：**每天两小时课业辅导，从而保证所有学生都可以在回家的时候就完成了作业**。正是基于这一原则设立了课后课业辅导。2015 年新学期，这项措施被废除，仅在教育优先区学校有所保留。这项措施应该得以恢复、扩展并普及。法国公立初中 107000 个班级每天课后课业辅导（教学助理完成）的年成本为 3.6 亿欧元。

除此以外，纪律必须得到全面保障。要避免在学科上的各种懈怠。纪律委员会应该保证每一次出现的问题都得到矫正，否则会滋长一种有错不罚的感觉，有时候会发展成犯罪。所有的学校都应该通过明确的集体的成人誓言建立起清正的校风，并出台诸如克雷泰伊学区尝试过并取得成功的机动安全队等具体做法。

注重学生多元智能的发展，重新思考初中的组织形式，从而可以让每一个学生的才能得以展现。我们还需要重新思考学生分流导向的问题。很长时间以来，教师被排除在指导学生分流导向之外，转而由基本上对学生不了解的人员开展这项工作。**教师应被置于学生分流导向机制的核心**。事实上，教师应该是最佳人选。教师可以动员学生及家长一起来深入规划学业发展的未来及可能。当然，这意味着要给予教师更多的支持，帮助教师就教育体系提供的无数可能建立一个整体观，还要以透明的方式让教师掌握一些关于就业率及专业录取率的数据。"开放数据"可以伴随着慕课，由教师设计并制作，并且可以邀请一些专业人员来学校介绍不同的学业和职业走向。初三和初四年级每周可安排一到两个课时。

与此并行的是，初中与当地职业机构的合作对于组织实习、交流参观都是必不可少的。但今天这种合作渐渐出现令人担忧的破裂。显然，针对这一问题，数字化技术可以在学生的兴趣与可能的选择之间更为系统地建立匹配关系。

最后，尽管学区治理不是初中教育成功的首要因素，但我们仍然希望可以**扩大学区，扩大选择的范围**。这将成为促进学区内学校竞争与合作的机会。学区内的校际网络在填补教师短缺或组织选修课等方面显得更为有效。因此，我们还可以通过传播优秀教学实践、建立互惠互利合作增进学校之间的团结。与此同时，还应该让学区对每个学生的成功有所担当，选择关闭特别薄弱的学校或优化合并学校。

优化方案

与其谈论"统一"初中，不如谈论"共同"初中，因为共同初中不仅可以接收同一学龄段的所有孩子，而且还可以提供个性化的课程，可以让每个人的个性得到展示。[55]未来这种初中应该是多元智能的中学，它承认的不仅是学生在某一方面的能力，而是多方面的能力，每个人都可以在其擅长的领域追求卓越。

共同初中从两个维度与调整后的"核心素养"结合：根本核心，即法语和数学，以及"知识、能力与文化核心素养"定义的更广范围的核心。得益于学校在教学规划中的自主性以及更为灵活的课时安排，共同初中可以提供个性化课程。[56]

关键是要保证在需要加强的**基础知识**（法语和数学）以及促进每个初中生**特殊才能**展现并发展的教学活动**之间**

建立平衡。学生的动手能力和艺术敏感性都应该得到认可。从这一观点出发，"上午教学，下午体育"或者调整课时，比如音乐或舞蹈、职业体验课都是很有意思的做法，这些经验都可以在鼓励学生发展各类才能和兴趣的同时，让所有人都得到共同学习。

因此，最后，初中教育最大的变革是给予学校**自主安排课时**的权利。确定法语和数学的最低课时（整个初中阶段每周不少于10课时），允许学校享有自主权，在校长的带领下通过集体讨论的方式定义促进学业成功的课程，学校规划中的课程目标体现学校教学的重点，使用课时模块，制订面向学困生的行动计划，通过严格的学术要求建构学生的学术规划。

这种规划可以建立在学生特殊的需求之上，同时也凸显学校试图打造的特色。可以想象这种特色规划与艺术、体育、科学、人文、职业准备、语言、技术等领域结合在一起。

在新初中框架下，**国家确定教育目标，学校有权选择实现目标的方法**。国家的目标可以概括为几句话：面向所有学生的、与核心素养相关的基础水平，每个学生在其擅长的领域都可以取得成功。学业规划应优先面向20%的学困生，依靠数字化等适合的技术，比如在线导师的方法，预防学生辍学。

共同初中建立在"每个学生都不同"的原则之上。除了前文提及的特色课程之外，还可以开设不同水平的**法语与数学的兴趣小组**，比如现有的外语兴趣小组。[57]毕竟，学生之间过大的差距，不利于教师的课堂教学，而按照能力划分的兴趣小组可以让学生在一段时间内——一个月到一年——集中弥补其不足，或在擅长的领域进行更为深入的学习。

随着课时安排的个性化与灵活化，共同初中能够更好地诊断学生的不足，从而有针对性地做出改善，尽可能地降低留级率。这一远景的实现需要重新思考初中的组织方式。特别是**让校长成为学校真正的负责人，领导一支5—10人的密切工作小组**，具体人数根据学校规模确定。小组成员可以是负责核心素养关键科目——文学与人文科学、数学与科学的学科负责人，解决教育难题的辅导员，校医，社会联络助理，也可以包括资料管理员。[58]工作小组每周就学校的教育、教学、卫生，以及其周围环境中直接与城乡社会政策相关的内容展开充分讨论。

这项措施可以提升学校的团队精神与责任感，正如前文所述，有利于学校开展特色建设。新初中还伴随着**教育督导理念的重大转变**。必须要变革当前面向教师个体，平均七年轮一次的督导方式。督导小组由督学和督政共同组成，定期地对学校开展全面审计，监督学校的发展目标及达成的结果。随后，督导小组要向学区长提供一份报告，提出一些倡议，包括如何使用质性的、量化的手段辅助学校在发展过程中实现既定目标。

新的共同初中强调团队精神，难点是如何转变当前不符合法兰西精神的个人主义，转向推崇集体智慧、多元智能、相互信任和共同合作。正像蒙田在描述有关旅行的教育意义时所说的，要邀请每一个学生"与他人的头脑彼此磨砺"[59]，这也是一种反对自我中心主义、自我陶醉情绪，培养青少年团队精神的教育方法。

最后，还要特别强调在初中，甚至整个教育阶段，对于世俗化、共同生活原则的尊重是非常重要的。我们要知道，世俗化原则恰是服务于共同生活的，这一原则与宗教信仰并不矛盾，只是区分了公共生活与私人生活，而在学校中学生的任务就是学习。也恰是在学校中，学生学习了解了，个人信仰与宗教价值应该受到尊重，并值得尊重，但不应该将宗教信仰带到公共生活中并强加于他人。恰是在学校中，这些原则可以轻松得以建立。正是为此，2004年的法律禁止在学校中佩戴面纱。正是为此，共和国学校的缔造者将这一原则写入教材。也就是说，公共服务领域中要尊重的主要原则，首先一条就是中立。

　　初中教育应该可以给青少年树立一个成人发展的榜样。因为榜样是最有效的教育方式之一。如果在学校工作的成年人能够与学生家长协同，为了一个共同的目标努力，那就是一堂有益于孩子和青少年的生活和公民教育课。

初中教育的关键对策

1. 要认识到初中教育是小学教育的延续，与小学教育形成一个整体。在初中入学后安排为期一个月的融合过渡期，让学生和家长了解初中教育的重点内容。

2. 将"家长书包"的举措延伸到初中各年级，从而让家庭理解、共享并调整学校教育的目标及其对孩子的期望值。

3. 每日课后增加2小时个性化辅导必修课。

4. 重新划分学区以扩大学生的择校范围。

5. 关停极薄弱初中。

6. 建立共同初中，将新的核心素养（有关法语与数学，以及其他学科的根本核心）与个性化课程相结合，促进多元智能的展现及多种才能的发展。

7. 赋予学校根据全体成员共享的规划安排课时的自主权。

8. 将教师置于学生学业规划和分流的核心位置。

9. 保证法语和数学的最低课时（整个初中阶段每周不

低于 10 课时）。

10. 允许学校通过集体决策、校长负责的模式自由制定校本课程及相应的教学目标。

11. 支持学校制定数字化发展战略，进而改进学生的课时安排和教学实践。

12. 按照现有的外语兴趣小组形式，增设不同水平的法语与数学兴趣小组。

13. 让校长成为学校真正的负责人，由校长领导一支 5—10 人的工作小组，共同解决学校发展议题。

14. 转变教育督导理念，由督学和督政共同组成督导小组对学校开展督导，通过提出可操作的建议达成学校的既定目标，并长期辅助学校工作。

高　中

> "成熟，就是找到自己在世上的位置。"
>
> ——伊曼纽尔·穆尼埃（Emmanuel Mounier），
>
> 《论性格》

　　法国教育系统新的组织结构下，我们要更多地强调"知识、能力与文化核心素养"的逻辑，它将教育划分为幼儿园至初中（义务教育阶段）和高中至大学（中等毕业考试前后三年）两个阶段。正如前文所述，要把初中看作小学教育的延伸。而高中作为中等教育的第二个阶段，也是一个关键时期。这意味着要严肃地对待每一个高中生，把他们看作独立自主的个体，即将成人并且应该为此做好准备的个体。作为初中教育的继续，高中意味着成绩优异和学习困难的情况更为多元，因此更要突出多元的学业规划。有些学生三年后就业，其他一些学生则会继续深造，或选择短期高等教育，或选择长期高等教育。

不同学业规划的概念应该在整个现有的教育中得到体现。这才是根本的变革。它回应了当前经济、科技和社会的变动，每个人都可以通过不同的途径获得灵活的头脑和能力来适应并规划未来。因此，高中教育的重点就是要赋予法国的年轻人未来 50 年甚至更长时间生活所需要的关键能力。

经验告诉我们

1808 年，拿破仑创建了高中并确立了高中的使命。首先，高中应该引领最优秀的学生实现非凡的成功，帮助法国的年轻人为未来在高等教育阶段大展潜能做好准备。然而，这一使命在今天仅适用于部分高中。有的法国高中还在上演着无差别对待而导致的学业失败、开除或退学。

如果说在义务教育阶段学习基础知识毫无争议是绝对优先的，那么高中阶段就应该允许独特才能的展现，从而为社会、经济与技术的巨大变革做准备。从这一观点出发，2011 年起"工业科技与可持续发展"方向的课程改革，开创性地引入数字化革命的内容，展现了法国中等教育迎接未来挑战的决心。

当前，法国约有 220 万名高中生，其中三分之一的高中生接受职业类教育。2016 年的中学毕业会考中，52%的高中生参加普通类会考，28%参加职业类会考，20%参加技术类会考。社会决定论的影响在不同家庭出身的中学生身上最为明显：普通高中的学生中来自富裕家庭（自由职业、管理层、教师）的比例是技术类高中学生的 2 倍（分别为 35.9%和 17.7%），是职业类高中学生（8.1%）的 4 倍。[60]高中生进入高等教育后的头两年也遇到不小的困难，这一点从严重的学业失败就可以看出。仅有 34.7%的通过普通类中学毕业会考进入高等教育的学生顺利通过三年学习取得了学士学位，而这一数字在技术类和职业类会考生中仅为 6.9%和 3.7%。[61]大量本科生拿不到毕业文凭，反映出高中教育问题之严峻。

因此，高中教育的使命是，在三年时间中让所有人都能预见未来可能面对的问题，让每个人都能展现各自的才华，从而最有效地为升入**高等教育或直接就业**做好准备。

普通类高中要巩固基础文化知识，初步分科以适应高等教育阶段进一步明确的分科。技术类高中教育的使命是培养未来的高级技术工人，这恰是当今社会最需要的人才。然而考虑到职业本身的变革，这一使命也要被重新定义。

职业类高中教育有着近似的原则和教育目标。因为它更接近地方经济发展和未来战略，所以职业教育原则上培养快速就业的能力，兼顾培养年轻人的适应能力和自我学习能力，年轻人可以参加短期或长期继续教育。

国际比较告诉我们

在将视野转向其他国家之前，首先应该说说法国高中在海外的情况。在世界各地，法国高中凭借其独特魅力不仅吸引了法国的学生，还接受所在地本国和第三国的学生，因为学生家长相信这些机构的质量。当今，全世界共有近 500 所经法国国民教育部批准的法国教育机构，其中近一半（236 所）教育机构设有高中。2015 年，海外学校有 15264 名学生报名参加法国中学毕业会考，14699 名通过考试，会考通过率超过 96%，他们中有超过三分之二的人拿到了优秀评价。这些海外学校的教育成果、适应能力与吸引力让我们要更详细地考察一下我们教育体系的优势，特别是我们的教学大纲与教学内容的协调方面。

观察那些与我们的教学有差异的国家，比如美国、加拿大，来发现它们改革中的优点和不足也有意义。由此我们可以发现它们积极的一面是学生从早期就表现得足够成熟，从高中阶段起，学校就尝试培养学生的心智和社会自主性；而不足的方面则是学生在深入学习、结构化所学内容时明显越加遇到困难。

芬兰则提出"模块高中"（lycée modulaire）的概念，大概一个班有一半的学生参与模块高中。这种教学模式下，学生需要在三年中完成75个教学模块，其中三分之二为必修模块，三分之一为选修模块。教学模块面向各个年龄段的学生，每个学生可以根据个人规划和学习节奏自行组合课程模块。尽管这种教学模式对学生的自主能力要求很高，但高中生可以依据自己的学习节奏选择课程，深入学习擅长的学科，弥补自己的不足。

最后，瑞士的经验是突出分流，超过60%的高中生进入享誉世界的瑞士职业教育。在一种校企紧密合作的培养模式下，学生们获得了极高的专业技术能力。选择这一条教育道路是非常有价值的，学生在离开高中后往往能寻找到合适的工作，收入水平也非常理想，他们同样可以选择在技术学院继续深造。

科学告诉我们

乔治·费鲁兹（Georges Felouzis）教授开展了一项有关中学教师教学效率的研究，他们在高一年级 36 个班级中进行数学科目的评估。这项研究显示，在所有可控变量（学习起点、年龄、性别、社会出身）无差异的条件下，学生的成绩表现因不同教师而呈现出极大的差异（成绩差距可以达到 20 分制下的 5 分之多）。由此，这项研究揭示了教师教学方式对学生学业成绩的影响，即"教师效应"。

另一项研究也证实了"教师效应"的重要性。在高一年级实施个性化辅导措施一年后，研究团队对政策效果进行了评估。[62]结果显示，个性化辅导对学生成绩的进步影响甚微。研究指出这项措施存在两个缺陷：第一，政策的目标性不强，政策的实施对象是法国所有高中的全体学生；第二，个性化辅导的时间和频次并不理想。研究还发现，不论是从对于这项措施的理解还是从实际的操作过程来看，法国教师均不能有效地帮助落后学生提高成绩。仅凭一项个性化辅导措施很难实际产生效果。这项评估再次证实了在校外开展辅助行动的必要性，需要做好顶层设计、开展试验，并在证明有效性之后在高中推广普及。

"教师效应"看来是教育系统的关键效应，应该在小学、初中、高中教育中长期发展并正面促进这一效应。

我们要做的

与其他学段一样，首先要做好高中教育的定义：高中是步入成人、通往高等教育或进入职场的准备阶段，是学生在分科后确定并深化学业目标的阶段。

高中生应被赋予新的自由，应该把学生看作未来的成年人，这就要求所有教育主体都要承担更多的责任。高中应该享有更大的自主权，由一位强有力的校长带领团队。教师应该具有创新的空间。最后，所有成年人都应该信任学生，允许他们做出选择。也就是说，从小学开始，学生的自由会不断扩大。

中学结束阶段的毕业会考是整个体系的调控器，正因如此，需要简化并强化会考的结构，突出学科的基础知识，既能够挖掘不同分科的人才，又能够保证每个学生的自由选择权。

对于学校而言，则需要首先把握一个平衡，即高中毕业会考笔试部分对于基础学科深入学习的要求，与学生为展现才华而自我选择的学习内容之间的平衡。

基本方案

个性化教学的效果在两大类高中都得到了证实：

● 普通与技术类高中。可以尝试重新整合现有分科，也就是保留理科，将文科和经济社会科合并，这样可以加强人文–经济科，而这一分科方向常被认为是欠缺的。这样，普通高中的重点一方面是传播人类 21 世纪的人文知识，特别强调科学的内容；另一方面则着重学习文学和人文科学。这种做法的目的当然不是要割裂教育。恰恰相反，这是为了在不同领域培养个体的能力，这是所有学生都能够向高处进步的条件。比如，物理和数学学科，这是法国的传统优势学科，我们不应该放弃从高中阶段选拔优秀人才，让他们进入高等教育后在同一领域继续深入学习。如果法国仍要保持这一领域的优势，那么未来在理科学习中就要加强数学学习。

按能力划分学习小组也可以让学生加强优势科目、弥补短板科目。与此同时，应该提供更大范围的选择来解放教育系统。这并不意味着要让每个孩子都有机会同时学习俄语、日语和汉语，而是指借助高中校际网络、数字化技术以及高中与高校的联系，**提供新的自由**。事实上，数字化技术提供了前所未有的教学机遇，高中应该好好把握这一机遇（通过慕课、微课等）来丰富其教学。作为法国特色的技术类高中也应该提供让学生可以进入高等教育深造的教学。

● 职业高中。职业类高中的目标就是直接就业，这也是职业类高中教育的价值所在。职前培养与继续教育的边界正逐渐模糊，这样可以依托与地方经济需求紧密相关的阶段性培训，让青年人尽快根据其能力进入职场，同时不会限制他们按照自己的意愿在以后选择继续学习。因此数字技术和创业精神应该成为职业高中教育的重要发展目标。

除了高中分类和分科的问题之外，还需要反思的就是教学了。为了保证学校能够正确行使自主权，有必要让每个教学团队与学区建立联系，进行教学诊断，制订详细的教育目标与行动，从而加强课程的多样性并解决学生的学业困难。

此外，针对前文提到的不同能力的学习小组，高中应被定位为**教学创新的场所**。这样，每一所学校都可以允许选课人数的差异。可以安排一些在阶梯教室上的大课，从而让学生更好地适应高等教育；也可以安排一些小班授课，比如外语学习。未来的高中应该可以提供差异化的教学，充分运用数字技术，特别是在外语等特定学科上。就这个例子而言，还可以让教学与一些大型国际测评的能力评估（比如剑桥国际考试委员会的评估）相结合。

高中是写就人生未来篇章、开启高等教育的阶段，因此高中教育还应该让学生能够非常切实地理解高等教育对他们的要求以及不同专业的未来出路。可以通过**拓展甚至系统化一些促进成功的措施**，让高中与高校结成合作伙伴。也可以依靠数字化的途径。比如，法国高等经济商业学院与凡尔赛学区和克雷泰伊学区的高中共同开发了为步入高等教育做预备的慕课课程，这一做法积累了很好的经验，就可以进行推广。这种课程为师生之间课上课下的交流提供了支持，不仅不会弱化师生关系，反而会增强师生间的人际交流。

另外，高中享有更大的自主权，学生享有一个更广阔的选择平台，特别是借助信息技术的使用，这种方案将促进高中学校的改进。教师将会围绕以校长为中心的年级和学科负责人组成的团队，更多地参与到学校生活中，并为实现更好的团队合作承担更大的责任。

优化方案

在基本方案的基础上，优化方案可以在以下三个方面更进一步：将职业高中移交给大区、模块化高中以及中学毕业会考改革。

第一项变革旨在将职业教育与大区经济发展的具体需求相匹配，也就是直接与地方就业中心联系。为此，就要考虑**将职业高中的管理责任移交给地方**。由地方争取全权负责学徒制和职业教育。地方在经济发展和就业政策方面的能力也会得到加强。因此，将职业教育与地方就业市场相匹配的做法是合理的，这样地方的管辖权才会清晰又协调。而大的方针，从大纲到考试则仍由国家制定，从而保障国家标准的实施。这一新的地方分权是让职业高中更匹配未来经济的契机，特别是未来经济中所有人都要面对的创业精神以及数字化变革。[63]

第二项变革是普通高中和技术高中应更多元化，从而满足每个学生的特殊发展需求，学校应该逐渐转化为**模块化高中**。每个学生都接受共同核心的基础教育，包括"科学"和"人文"两大类课程，同时在高二和高三年级学习一些专业科目。这些科目融合了一些面向未来的技术教育，在此动力下，技术高中本身会逐渐消失，但技术类的课程以专业方向的形式面向所有学生开设。

最后，应该着手**改革中学毕业会考**，四门科目采取结业考试的形式，其他科目采取过程性测评的形式。减少日常测评的次数，赋予考试新的价值。这将是加强不同分科基础学科学习、有效回应高等教育要求的机会。

高中教育的关键对策

1. 将普通高中的目标定位于传播 21 世纪的人文主义，普通高中分为理科和文学−经济科两个方向。

2. 建立不同能力的学习小组，从而让学生弥补不足，或在自己擅长的领域深入学习。

3. 建立高中校际网络以提供更多教育选择，并将其与高校联结。

4. 让职业高中教育成为面向未来经济需求，特别是数字化技术、创业精神、工匠精神的职业准入路径。

5. 让高中成为教学创新的机构：阶梯教室大课、小班教学、慕课等等。

6. 将语言学习建立在重要国际测评（如剑桥国际考试委员会的评估）的基础上。

7. 拓展，甚至系统化一些促进成功的措施，依托数字化技术帮助学生更好地为步入高等教育做好准备。

8. 和初中改革思路相同，让校长成为学校的责任人，带领 5—10 人组成紧密的小组，共同做出有关学校发展议题和学校运转的决策。

9. 考虑将职业高中移交给地方政府，从而让教育更贴近地区经济发展需求，也就是让教育与地方就业中心直接联系。

10. 按照模块化原则组织普通高中和技术高中，以满足每个学生的特殊发展需求。

11. 重新思考中学毕业会考的组织形式，尝试采取四门科目结业考试，其他科目采取过程评价的方式考核。

教师职业生涯

> "有一门艺术称为学习，有一门艺术称为教学。"
>
> ——西塞罗（Cicéron）

怎样才是一名好老师？我们每个人的记忆中都有这样一位老师，他陪伴我们、鼓励我们，助力我们成长，最终帮助我们建立自我。1957年11月19日，阿尔贝·加缪（Albert Camus）获得诺贝尔文学奖之后，给他的小学老师路易·热尔曼（Louis Germain）写了一封信："但当我得知这个消息时，除了我母亲，我第一个想到的人，就是您。没有您，没有您向我这个穷孩子伸出慈爱之手，没有您的言传身教，这一切都是不可能的。我不是要把荣誉小题大作，但它至少给了我一个机会向您表达，您曾经以及直到现在都对我如此重要，您的努力、您的工作、您宽广的胸怀始终在您的学生心中鲜活光亮，尽管韶光易逝，但他始终是对您心存感激的学生。"我们就应该从这样的童年记忆出发来寻找今天的好老师。

一名好老师身上往往聚集了以下三点品质：

• 首先，一名好老师是一门学科或者几门学科的专家。在教学中，他能够熟练运用法语，具有扎实广博的文化知识，就教育程度而言具有很好的学术水平。夏尔勒·佩吉（Charles Péguy）尤其强调教师的文化素养，教师不是政府或者某一个群体的代言人，而应代表全人类。佩吉还指出，教师应该是"独一无二且不可估量的代言人，他为诗人、艺术家、哲学家、智者，以及所有创造并且维持人类文明的人代言。教师必须保证成为文化的代表"[64]。

• 其次，一名好老师懂得因材施教。作为教育者，教师热衷于知识和情感的传递，从而促进每个学生的成长。好老师严于律己，也严格要求学生。他懂得鼓励和激励学生超越自我、展现才能、表达个性。同样，他也能够发现学生的不足，并帮助他们克服困难。

• 最后，一名好老师充分了解自己的职业环境。他知晓国民教育体系的运转、部门角色和任务。为了能够满足学生发展需求，好老师能够与同事、校长包括所有教职人员协同合作。他与教育共同体中的不同主体——从学生家长到其他学段的老师——长期维持联系。通过这种联系，教师可以保证学生学习的连贯性，并陪伴指导学生做出学业发展规划。

因此，好老师知道如何促进学生进步，这一点应该在定期的教育评价中得到体现。但国民教育部在努力的同时也遇到了规模上的难题，想象一下整个教育体系的庞大。如何能够最大限度地发挥855000名教师每个个体的能力呢？直至今天，教育部也难出台一套**人力资源政策**，可以认证每位教师的品德与才能，以及教师对学生需求倾注的努力。权宜之计是按照教师的教龄资历实现整体的行政管理。除了个别岗位，一般教师都可以依据教龄、在某所学校或某一年级的供职时间得到加分，实现岗位"流动"，流动的标准还增加了一些变量，比如年龄或家庭因素。

经验告诉我们

长久以来，教师一直被视作法兰西共和国的骄傲。曾经作为知识的权威，教师得到了社会一致的尊敬。对卑微阶层出身的青年才俊以及他们的家庭而言，教师这一职业就是一条实现阶层流动的上升之路。19 世纪和 20 世纪的文学作品也将教师描绘为一种荣耀。比如，马塞尔·帕尼奥尔（Marcel Pagnol）在《我父亲的荣耀》中对他的父亲——20 世纪初期马赛的一名平凡教师的描述。

今天，教师的光环不复存在。起薪、工作环境、第一份工作常被分配到教育优先区，这些都让教师这一职业失去了对年轻人的吸引力。此外，社会对教师职业的认可度也大不如前。

这种情况造成了双重后果：一方面，教师经常需要应对一些之前完全没有遇到过的状况，但由于毫无准备而产生不安；另一方面就是岗位空缺。今天，教育部门很难吸引到合格的年轻人，但教育部门仍需要招聘更多的教师。往后教师招聘会更困难。

所以，2015 年在凡尔赛学区和克雷泰伊学区的教师资格考试中，通过率超过 60%。[65] 即便如此，放出的教师岗位仍未填满（10839 人/11122 个）。特别是克雷泰伊学区教师短缺严重，国民教育部不得不又安排专场考试，从在其他公务员考试中落榜但有意从事教师职业的人中择优录取。这样，在学困生集中的克雷泰伊学区，通过初等教育学术资格考试招聘到的却是最缺乏教学能力的一批教师。

2015 年，国民教育部放出了 7200 个适用于中等教育的中等教育专业能力资格岗位，但由于缺少满足基本要求的应考者，仅有 6154 个岗位得到补充。数学学科的中学教师人数尤其缺乏：1440 个空缺岗位仅有 1098 个招聘到教师。我们注意到，数学教师的初试通过人数减少了 5.1%，而这一岗位的需求却上升了 15.8%。英语学科的形势也不容乐观，每个岗位对应的通过人数为 1.2 人。

通过资格考试选拔后，青年教师被分配到最困难的中小学校。教师的分配机制从预算和人口标准出发，这两项可能都不符合当地实际需求，甚至是矛盾的。

首先对于教师而言，这种分配机制使缺乏经验的年轻教师被分配到情况最复杂的环境中。这些年轻教师在教育优先区所付出的辛劳和投入往往又得不到认可，因为现行的晋升体制更看重资历，而非个人能力或岗位的特殊性。最主要的后果就是不断有年轻教师离职，从而影响到教师队伍的稳定性，最终波及学生的学业。

教师分配机制对学生也造成了诸多不利影响，因为分配并不考虑教师能力与地方、学校或者学生的特殊需求是否匹配。换句话说，教师的流动不会因为学生的满意度而设置附加值，自然也不会对学生的学业表现产生影响。

法国教育体系的另一个特点就是教师"孤军奋战"，

缺乏团队合作文化。[66]虽然文献中有明确要求：《教育法》第 L.912-1 条定义了教学团队，其中就强调"教师在教学团队中协同工作"。在中小学，还包括其他团队合作的形式，比如教师委员会、学校委员会和中学的教学委员会。过去的几年，随着核心素养的引入、个性化辅导的发展，对于跨学科的重视增强，对于教师团队合作的需求越显突出。

今天，教师每周的工作安排过于刻板，不能够涵盖教师实际的工作使命，教师的工作绝不仅仅局限于课堂上的教学时间。这种定义也不再符合学生一学年不同发展阶段的实际需求（学业方向指导、个性化辅导、学业评估、与家长见面）。

薪酬也是教师职业缺乏吸引力的原因之一。教师的薪水依据公务员工资系数和岗位津贴确定。迄今为止，教师职业晋升主要参照教龄和绩效，教师也可通过教师等级与职称评定，缩短进入更高的岗位范围的时间。法国教师的薪酬范围恰好处于 OECD 国家的平均值。法、德教师的工资差距明显，特别是在职业生涯的起点阶段。职业生涯的后期，法国教师工资才逐渐与德国教师追平。不考虑津贴与补助，法国小学教师在入职初期的平均工资（不算津贴）约为每月 2000 欧元，职业发展后期不算津贴的工资约为 3400 欧元。

2016 年春季，国民教育部着手教师工资改革，以追平收入差距，此次改革为普涨，并不考虑教师个体的工作投入或绩效。教师在学校工作 28 年之后才拿奖金……而且，现存的晋升体系也被取消了，职称晋级所需年限对每个人都是一样的。

最后，除了薪酬问题以外，**教师的职业生涯轨迹太过线性化**。其实除了从"普通教师"晋升到"高级教师"、特级教师体制内晋升、分配区域调动外，教师岗位的流动性非常有限。2016 年 5 月的改革措施也未能从根本上改变这一事实。教师在学校内可以承担的责任仍非常有限，岗位调动和流动亦是如此。

尽管 2012 年《重建共和国学校法》倡导加强小学与初中教育的衔接，然而小学和中学之间仍完全割裂。在中学，团队之间的隔离也导致负责管理工作的人与教学完全脱节，转入督导队伍之后也一样，督学与教学脱节。

最后，与行政人员不同的是，对于教学岗位而言，不存在明显的能够快速进入高级职务的轨道，可以让教师承担新的责任，从而使职业轨迹实现全新转向。因此，教师职业发展的前景狭窄且极其固定。

国际比较告诉我们

　　教师职业生涯发展轨迹多样。对世界各国教育系统的探索能够帮助我们找到解决法国遇到的难题的做法。

　　第一项比较是基于 OECD 有关教师工资的调查。在近期薪酬调整之前，法国教师的工资低于 OECD 的平均值，特别是小学教师的薪水（见图 5-1）。

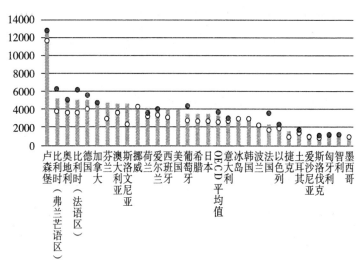

图 5-1　不同教育阶段的生均教师成本（2013 年）（单位：美元）

注：图中国家按中等教育第一阶段的生均教师成本降序排列。

资料来源：OECD, Regards sur l'éducation, 2015。

除了薪酬问题外，国际比较还分析了职业准入资格、团队工作与工作时间安排等关键问题。

在亚洲，"传帮带"的关系可以让年轻教师在经验丰富教师的陪伴下受益，并在工作实践中不断自我完善。新加坡尤其如此。在新加坡，教育是一个极具吸引力的领域，聚集了大量优秀人才。新加坡的初级学院（Junior College）对应法国的高中。初级学院的一部分课程在阶梯教室进行，由最优秀的教师面向多达数百名学生授课。年轻教师也会出现在此类课堂上，他们的使命就是陪伴学生，但他们也借此机会充电。随后，这些年轻教师将带着20—30名学生以**辅导小组**的形式开展学习。

德国与亚洲情况相近，获得学士或硕士学位的学生在通过首轮国家教师资格考试后，还需要进行为期12—18个月的教学实习。实习教师有导师辅导。实习期内，准教师通过"学习研讨"（Studien seminar）的形式完成课程与教学法的学习。芬兰在教师教育初期也有严格的"传帮带"制度。芬兰基础教育阶段及高中教师的准入学历为硕士，所以培养阶段的第一年就安排有教学实习，并逐渐从观察课堂过渡到在指导下开展教学。另外，想要成为小学的**授课教师**，申报教育学院的学生除必须持有高中毕业考试的"大学入学许可"（matriculation）外，通常还要具备一年以上的教学助理经验。

在大多数国家，教师聘任的工作直接落在学校校长的肩上。比如在德国，大部分教师需要经过国家初次选拔、教学实习与二次选拔后，才能取得中小学教师资格。但通过国家选拔考试并不意味着得到工作或获得教师身份。教师的聘任由学校校长决定，特别是在柏林市。今天，随着教师队伍的老龄化，青年教师终于可以很快上岗，一般取得教师资格后不久就可以入岗。教师岗位保证了国家公务员的身份，尽管如此，在一些州，由于经费不足，地方还经常以劳动合同的形式聘用青年教师。

另一难题是，法国教师的团队合作仍非常有限。这一点上，芬兰与法国不尽相同。芬兰教师的职责不限于课堂教学，还包括见家长、监管课间休息，特别是还要参与学科组或跨学科团队的教研活动。校长也会在团队工作上投入相当长的时间，比如，校长会每周组织全体教师大会，明确学校近期的问题并讨论学校规划。

最后，在教师的工作时间安排方面，加拿大与荷兰采用了极为高效的年度管理制度。

在加拿大，教师工作时间的年度管理由国家集体协议规定，保障了教师权益。该系统计量教师的课堂教学时间、"管理"时间/备课时间，在很大程度上实现了管理的流动性和灵活性。年度化管理可以简化"上课之外"的工作管理。

荷兰亦是如此，以年度工作时间及最高教学课时的计算办法，将教学课时、地区要求（培训、指导、辅导等）以及教学写作互动都涵盖其中。这项措施还考虑到"整体工作"时间（配套时间），即备课与修改作业的时间同样被计入教师工作量。

科学告诉我们

因无法提出一套真正有效的师资管理办法，而给师德带来巨大压力，教师自我效能感下降，看不到真实的职业发展前景，从而造成了师资短缺。虽说教师动机最重要的两个驱动力是教学的意愿和学生的学业成功，但71%的教师表示对此无能为力，41%的教师甚至表示已经放弃。[67]一些国际调研也凸显了教师的此类焦虑：40%的法国教师感到能力有限或对自己的工作准备不充分。OECD开展的教师教学国际调查（TALIS）结果显示，法国的教师是最多感到自己对教学准备不充分的，10名教师中仅有6人表示

"对教学准备充足或非常充足"，而这个数字在其他参与调研的国家中平均为 9 人。结果还显示，30%的法国教师表示对于学习困难"无能为力、孤立无援、听天由命"。

师资管理政策还对学生的发展轨迹造成了影响，并且对于减少不同社会背景或不同地区学生之间的差异无济于事。

因此在思考教师职业生涯和教师使命时，我们同时还要关注两个密切相关的问题：**教师的心理健康**和**学生学业进步**。

近期国民教育总督导办一份有关"高中学校附加值因素"的报告，对教学团队对于学生学业成功的影响做了很有意思的阐释。这份研究以国民教育部预测与评估司的"增值指标"为基础，对上百所学校进行了调研，结果显示，学校产生的"增值"并非某一个变量的产物，而是一系列综合因素的共同产物。特别是教学计划和团队协作这两个决定性因素。

因此，"管理层的决定作用以及一个围绕共同计划的协作团队的投入，最终体现了一所学校内部是否团结一致"。[68]其他的贡献性因素有学校对高中生的辅导陪伴、学校工作的严谨性与一贯性。还有一些影响学校"增值"的次要因素，事实上也非常重要，比如校园的信息化程度、校舍及空间规划等。

这份报告多次提到并由此凸显了国民教育部工作团队的重要性，以及建立一支以校长为中心、致力于落实校本教学特色的工作团队的必要性。

"学校效应"（effet-établissement）产生了学校的"增值"，即学生的实际考试成绩（初中毕业考试或中学毕业会考）与根据学生入学特征（年龄、成绩落后、父母职业）而做出的预期成绩之间的差异。"教师效应"[69]则可以评价教师教学实践与学生学业表现之间的相关性。因此，业已开展的一些工作中，有些教学实践更有助于学生的整体进步。"教师效应"对于学生学业成绩的影响贡献率为10%—20%，特别是在第一学年中的影响最为显著。在不考虑学生家庭社会经济背景的变量时，"教师效应"比"学校效应"的作用更为突出。埃里克·汉纳谢克（Eric Hanushek）的一项研究测量了教师教学行为与方式对学生学业发展的短期与长期影响。[70]结果显示，教师的教学质量对学生的学业发展有着极大的影响力。因此，对于所有立足高远的教育政策来说，其核心都旨在最大限度地发挥"教师效应"。这需要重新设计师范生培养和教师的职后培训，落实那些经研究证实高效的教学实践与教学方式。

我们要做的

教育部门人力资源管理所面临的挑战，同样也是如何实现个性化。其实，关键在于**打破**当前建立在一种脱离现实的算法之上的**大众化管理模式**，转而寻求如何辨识教师因材施教的能力，并且鼓励团队合作，以及在学校和单位承担更多责任的管理方式。这也是解决前文所提及诸多问题的关键之道。改变教师职业生涯同样也是吸引有才之士进入教育行业的关键，并最终重新树立教师职业的威望。

这还关系到教师继续教育的全面改革，在充分考虑到学校需求和教师期望的框架下，与综合大学密切合作建立教师终身学习、不断修身的体系。

基本方案

（1）逐渐渗透

在考虑教育领域人力资源管理问题时，第一个问题就是教师聘用的问题，甚至可以再追溯到人才储备的问题上，即如何可以吸引到德才兼备并且有志从教的大学生。

这当然需要通过增强教师职业的吸引力，但反过头来说，还需要通过对人才的**早期引导**，让他们逐步了解教育行业。

因此，改革的首个阶段就是尽可能早地选拔人才，不妨从中等教育阶段就开始，比如从初中三年级开始，通过引导学生从事科研工作，通过设立奖学金，鼓励学生读到硕士研究生，从而让他们有可能成为教师或工程师。[71]

其次，要特别明确的是**教师职业的出发点也是师范生培养伊始**。难点在于，我们要求年轻教师既要是某一学科专家，又要是教学专家。但明显目前教师选拔对于专业的要求更占主导。当然这不是说要放弃专业知识，而是要让师范生通过进入学校、进入课堂、与学生接触，在**实景教学中**逐步进入角色。

最近开始实施的"未来教师的岗位"（emplois d'avenir professeur, EAP）措施正朝着这个方向努力。这一举措还远远不够，因为它仅面向大三和硕士一年级的学生，涉及的群体数量有限。未来，这一举措还要得到推广，并在医生住院实习模式的启发下，建立一种一段时间在校学习跟着一段实地实习的模式。今天，全法国有大概 5 万名教学助理，他们由学校聘任，其职责在于监管学生，加强对学困生的陪伴，特别是在贫困地区的学校或薄弱学校。为了这一群体的利益以及学校的利益，应逐步引导教学助理步入教师岗位。

未来，对于师范生而言，驻校实习与学士学位挂钩。所以学术培养是关键。师范生驻校实习的任务就是完成初中的教育陪伴、小学的个性化辅导，或者在接受过专业培训后，能够按照具体的方法操作，在幼儿园促进儿童的浸入式语言学习。驻校实习放在教师资格证考试之前，即本科毕业年级和硕士一年级。在这段时间，师范生按照影子学习的模式在老教师的帮助下实践教学。这些学生还可以在任课老师不在的情况下充当代课老师。在通过教师资格考试，正式入编之后，年轻教师在导师的指导下承担岗位全部的责任，后者适时给出一些教学建议。

这一做法还包含着一项社会责任，旨在吸引更多出身于贫困家庭的学生进入教师行列，今天从贫困家庭走出的大学生从教比例越来越低。

这种逐渐进入职业的理念引发我们重新思考教师资格考试。首先，我们还是倾向于**保留并加强高级教师资格认证（agrégation）考试**，只有表现优异才可以通过这项考试，获得进入高中及高中以上阶段*授课的资格。这也意味着，取得高级教师资格认证的教师仅在中等教育阶段的

---

* 此处通常指法国"大学校"的预科阶段。——译者注

高中授课。同样，我们可以构想一个**简化的初中教师资格和小学教师资格**，既考查专业能力又考查教学能力。在这一框架下，我们可以设计一套教师资格考试，一方面笔试与面试各占一半比重，另一方面则考查师范生在上述的渐进式进入教师岗位的实习过程中获得了多少经验。此外，我们还可以假设要求提供至少两位校长签字的实习证明。新的教师资格考试对于应试者的法语水平要求很高，原则就是：无法熟练掌握法语就不能成为教师。

这种渐进式进入教师岗位的理念对于培养教师的院校也提出了挑战。我们可以为国民基础教育体制内师范院校、专业学校的复兴辩护。然而，21世纪，公立大学承载着构建和传递新知、培育社会英才的重要使命。因此，大学孕育未来教师是理所应当、众望所归的。事实上，大学中高等教育与教师教育学院的核心问题不在于组织结构而在于教学内容：谁在教？教什么？从这一角度出发，未来的教师教育学院应该可以受益于一批在职的培训者，他们一方面在一线学校工作，一方面给师范生授课。这种实践型的培养模式使师范生既受益于学校班级中的具体实例，同时还可以得到学术专业和教学方面优秀的教育。一个由认知科学专家和学科专家组成的国家教育委员会，与五大学区和法兰西科学院密切联系，可以监督并保障教师教育的整体质量。

（2）选贤任能

资格考试之后，我们应该重新思考教师的分配与调动机制，这也是当前教育系统改革的一大阻碍。教师分配应该遵循两条原则：鼓励**团队合作**，有利于**教师队伍的稳定性**。因此，一方面可以依靠年轻教师在学习与实习过程中所建立的团结与友谊；另一方面，依靠学校内部建立的传帮带制度。

为了平衡人员流失和职业倦怠的情况，应该确定教师在同一所学校工作的"一般"年限。**在同一所学校工作五年为一个周期**算是一个比较平衡的点，这样既可以让教师充分理解工作任务、开展项目、建立成果，又不会产生职业倦怠。这个期限同样适用于所有国民教育部体系内的工作人员——学区长还有校长。如此，打破了国民教育部人员频繁调动的现状。队伍的稳定有利于教育政策的持续性，并直接影响教育系统的表现。

所以，教职工与用人单位之间签署聘用合同，合同通常从道德上进行约束，如有必要也包含法律约束力。在这一框架下，效仿 2012 年"为了小学、初中与高中的志向与成功"（ECLAIR）的教育优先政策，选贤任能的做法就会进一步得到普及。或者借鉴私立学校与政府签订合同的办法：教师资格考试仅授予教师资格，而把教师聘任的责任交给校长，校长根据岗位需求公开发布招聘启事。这种模式在公开透明的角度更加具有优势。同时这种模式还有利于教师队伍的凝聚力和学校特色建设的实施。与当前教师"调动"的机制不同，这种模式给予教师新的自由，让教师可以寻找符合个人职业发展规划的和期望的岗位。选贤任能的逻辑同样适用于校长聘任。

（3）承担责任

另外，教师生涯发展还应该允许，甚至在中学阶段特别鼓励教师更多地**承担学校责任**。在关于初中和高中的两章中，我们已经提到过要建立一个以校长为中心的工作小组。根据学校规模不同，小组成员的数量可以从 4 人到 15 人不等。小组成员包含各学科的学科带头人和年级组长，传统上被统一称为"学监"，另外还包含资料室管理员和医护代表。学校内部应该为这份额外参与的工作提供具有吸引力的津贴。在初中和高中，也应该为 10 多名领导班子成员提供岗位津贴。假设按照每人每年 5000 欧元的标准，那么该项措施每年的成本约为 6 亿欧元。

为了保障教学团队的凝聚力，我们甚至可以尝试减少**校长的教学工作量**，德国的做法正是如此。鉴于校长的任务繁重，这一想法的实现显然还须确定一些实际的条件，但原则上这仍是一个有意思的想法，值得尝试。

除了学校内部的责任之外，还应该鼓励教师在国家教育系统中承担一些责任。因此，可以期待一线的教师扩充到督学队伍中来。同样地，也可以建立一支**特殊的管理队伍**，可以在**学校校长与学区督学**两个岗位间轮换。我们还可以提倡"第二职业"的逻辑，这样既可以从教育系统不同的领域吸收人才，又可以为教师个体的职业发展提供更多的领域选择。[72]

（4）评价

更开放、更具有流动性的教师职业发展，更多地建立在学生需求以及教师的特殊才能之上，这就需要**重新思考评价机制**。今天，中等教育阶段的教师平均每五年才能接受一次督导，方式随机，对教师职业生涯发展的影响力越来越弱。督导既无激励又缺乏效率，有时还会导致不愉快的场面。旨在鼓励教师团队合作并承担更多责任的人力资源政策，应该伴随着两个层面的教育督导。

● 学区督学根据学校规划目标开展**学校整体督导**，同时为了落实改进意见还要进行陪伴。为此，督导要给予所有学校最有效的教学工具（科研成果证实），给予教师评估工具（多样的参考指标），使他们细致评估学生学业表现。

●校长对教师进行评价，校长与教师们朝夕相处，了解至深。在此框架下，学区督学充当学科顾问的角色。教师评估也可以更多地与学生成绩挂钩，特别是借助全国基础知识能力测评的结果。为此我们还需要让教育行政干部明确建立在基本能力（阅读、计算）标准之上的评价的目的（减少学困）。为了避免出现特别紧张的局面，还需要建立一个以学区长为中心的上诉机制。如果说地方教育的组织形式需要改进，正如我们下一章要讲到的，那么教师评估应该成为教师、校长与最基层地方教育行政干部之间对话的结果。当然这个过程还需要学科督学的专业意见。

（5）继续教育

对于教师这样一个要求严格的职业来说，如何描述其职后培训的重要性都不为过。继续教育是保持教师职业生涯活力的关键要素之一，使教师在充分了解学科和教学发展的过程中，实现教学创新、承担岗位职责。在教育领域，继续教育首先是教师自身努力追随学科发展或者改进教学实践。夏尔勒·佩吉就这一点曾强调说："我们应该拿出勇气向老师们不断强调，自我提升是必不可少的；教学不能出现偏差；必须要清楚地知晓教授的内容，这也就是说，必须要从自己教自己开始；卓越的人从不懈怠，从不停止自我进步，不停止工作、不劳无获，人生就是终身奋斗。"[73]

如果说继续教育或终身学习是个人的责任，应该得到鼓励，那么它同样是机构的责任。然而法国国民教育在这一方面有着重大的缺陷，在 OECD 开展的 TALIS 中也凸显出这一问题。[74]

为了建立真正的继续教育政策，一定要面向各级各类教育制定**一项目标远大的数字化战略**。事实上，数字技术是教师自主研修和资格经常性注册的快捷通道，同时还可以更密切学校与高校之间的联系。因此，国民教育部应该在全年征集全部教育教学核心内容的慕课课程，从而可以让教师了解到与其学科相关的最新研究内容和关键因素。重点要放在教育系统的优先领域，即语言和基础知识的学习上。

优化方案

优化方案包含基本方案中讲到的全部原则，但建议推进以下三方面内容：新入职阶段，特别是对于在教育优先区工作的教师；教师工作的组织；教师工作的认可。

（1）改善最困难地区和学校的工作条件

其实，当我们谈到教师生涯或教师队伍稳定性时，矛盾主要集中在教育优先区，尤其是特别优先教育区。这些地区的工作条件让教师避之不及。当前**年轻教师的分配机制**导致刚入职的教师面对最棘手的问题，因此教师迫不及待地要调动到市中心。由此给教师队伍的稳定性造成了负面影响，进而影响到教学。这毫无疑问是**人力资源管理中最关键的问题**，最需要强有力的改革动力。

为了扭转这一局面，稳定教师队伍，增强教师投入的意愿，我们需要考虑根本性地改进教育优先区的工作条件。比如可以尝试三类措施，先在特别优先教育区试行，然后在整个教育优先区推广：

● 首先，在分配前，将新获得教师资格证的教师分成小组，比如按照教师多年学习过程中建立的友情和共事的意愿分组。同时，分组还要注意到在同一所学校形成**合理的教师梯队**。

● 就教师个人生活条件而言，可以通过全额或部分物质资助的方式保障教师在学校住宿。[75]

● 在工作条件方面，其实就是前面各章节讲到的各类问题的结果。学校自主组织并管理教学时间，从而可以有的放矢地减轻上课负担，并可以按照能力组织教学小组。

这类做法如果没有以下两点支撑也毫无意义：

● 首先，**合同制形式，**比如在现行规则下，根据教师意愿和学校自愿的教学政策，按能力聘任教师；其次，建立外部导向支持以保障活力。

●优化方案可以全面反思教育优先区的经费问题。当前教育优先区每年拨款 10 亿欧元，但成效并不显著。未来随着学校组织形式改革以及小学教师人员减少，这笔经费应该更多地投入幼小衔接这类关键阶段。如此才可能重新洗牌。

（2）反思教师工作

当前，关于教师工作时间的定义过于刻板，每周规定的组织模式不符合教师实际工作任务。如果教师在学校里还承担了其他工作，这种差异会更突出。

重新定义的教师规定工作时间应该包含教师在校内各项工作的总和，而不仅是课堂教学时间。这可以通过**年度工作时间管理**来实现。这个新方案可以设定一个教学时间上限，附加一个其他活动时间套餐，全国统一建立教师个人年度时间管理体系。在这种新体系里面，不再单设学生指导辅助津贴、离岗时间、年度加班时间、实际加班时间、教学协调时间等。未来津贴除了包含教师实际工作时间，还会依据教师承担的各项职责、不同形式的工作投入灵活调整。这种薪酬体系更加清晰、紧凑、具有激励性。

这一方案还将带来一项好处，就是让**初等教育和中等教育的组织形式更为接近**，这必将增强不同学段之间的协调。这一方案还可以解决短期代课造成的棘手问题。

年度工作时间管理制度让教育系统更加清晰、灵活，更接地气，更好地满足需求。这种变革可以循序渐进地展开，可以先在一个省或学区的小学和初中试点。这项措施对于财政的影响不会太大。2013年5月法国国家审计署的报告就曾指出，可以改善教师缺席高峰，特别是冬季教师缺席而带来的替补问题。所以年度工作时间管理制度可以产生积极的影响。

（3）提高教师职业认可度

最后，国民教育领域教师职业及人力资源管理的全面改革，必须要重视教师的贡献和取得的成绩。对教师而言，可以增加**一部分依据个人教学目标和团队教学目标的完成情况而设置的绩效工资**，校长和教师共同商定。这一做法旨在认可教师在学校的贡献，以及建立在学生学业成绩和进步基础上的教师取得的成绩。因此需要开发一套测量工具，记录学生学年初和学年末参与的各项测试。这种观察应该是多年的追踪。所以又回到了"教师效应"的问题上，它旨在认定教师为学生学业成功而采取的教学策略的效果。

（4）结论

吸引人才、认可教师的贡献和成绩都是尊师重教、满足学生需求的关键。为此，国民教育部应该做出最大的努力，从教师个人层面和教师团队层面提升教师队伍。这既要通过对师范生的浸入式培养、改革教师职业发展路径，来保证教师队伍的稳定性，鼓励不同年龄层的教师组建团队，还要通过重新建立教师薪酬体系，与欧洲其他国家的教师薪资水平拉齐，从而改善教育系统。

改善教师职业生涯的关键对策

1. 参照医生培养的模式，为志愿从教的学生建立一种逐渐浸入、陪伴的培养方式，让学生了解教育系统，同时还可以获得教学经验。

2. 依靠在校实习的学生为临时缺席的教师代课。年度工作时间管理制度，甚至是多年的工作时间管理制度都是解决这一问题的捷径。

3. 巩固高级教师资格认证，改进初中教师资格和小学教师资格认证，既要注重学科专业也要重视教学能力，特别是要关注实习经历。

4. 将在同一所学校工作的普通年限设定为五年。五年任期也可以推广到国民教育部各行政岗位（校长、学区长），个别情况下可连任一次。

5. 鼓励以校长为中心组建团队，让教师有机会进入年级和学科负责人的岗位。

6. 允许校长保留少量本职学科教学任务。

7. 允许将小学教师分配到初中，反过来中学教师也可进入小学授课。

8. 鼓励教师承担行政职务，打破体制界限：为教师进入督学队伍建立通道，组建地区教学督导–校长的特殊队伍。

9. 普及由校长负责的唯贤聘任制度。

10. 反思国民教育部的继续教育，借助数字技术，聚焦教育系统的优先问题：语言与基础知识学习。

11. 从特别优先教育区到教育优先区，现有班额一分为二。改善教师的居住和生活条件，提高教师薪资待遇。

12. 逐步建立教师年度工作时间管理制度，更好地反映教师真实多样的工作内容。

13. 建立教师绩效制度，与教师生涯发展和津贴挂钩。

14. 鼓励教师发展第二职业生涯，建立教育领域人力资源进出机制。

教育系统的组织

> "如果用旧日的组织形式来解决未来的问题，今天得到的只有悲剧。"
>
> ——米歇尔·克罗齐耶（Michel Crozier）

正如前文所述，教育系统的地方组织，或者从更广义上讲，教育的治理只有服务于各级各类教育目标和优先问题时才具有意义。因此学校教育就是必然。但是，对于人类社群来讲，学校教育需要标准或需要共同目标，需要有行政、管理和评估。因此组织与传达、行政与教学都是教育系统中必不可少的部分，应该努力在这两个维度建立平衡和信任。

特别是要在各个学段，尤其是基础教育阶段，促进成功。为此，我们应该一方面传递信心，另一方面在自治、责任和承担责任的能力之间寻求平衡。只有赋权于从教主体，鼓励他们承担责任、勇于创新，才能建立信心和平衡。另外，还离不开信任以及地方各学段教育主体持续的支持。

经验告诉我们

法国僵化的经验模式导致了教育系统不清不楚。

●首先是僵化，教育系统的主体，即教师和行政人员不一定愿意一直待在当前岗位。前一章已经谈过教师中存在这一问题。教育行政干部一样存在这一问题，因为教育系统本身缺乏足够的灵活性，不同公务员类别和岗位之间缺乏流动性。这种僵化造成了负面影响，有时候导致教育主体之间不信任，并最终损害到学生。

●其次是不清不楚，特别是教育督导的职能模糊。本来初等教育的督学承担督政和教学监督两个职能。但现实中两个职能都落空。中等教育阶段的督学仍保留着自己的光环，但事实上督学对于教师并不具有实际影响力，如果仅仅是出于敬畏产生的谜一般的权威……那很难或者说不会产生实际结果。

● 最后，不清不楚体现在自从法律重新划分了 13 个行政大区以来，就导致国民教育增加了一层行政组织，新建学区却仍保留原有的学区长。国家其他行政部门都进行了调整，目前只有国民教育部选择维持现状。

因此考虑教育系统组织，就要尝试融合管理和督导的职能，改变当前各执一方的局面。

但这就需要思考教学空间和时间的关系。事实上，法国教育系统具有中央集权的传统。长久以来，即便是最微小的问题，都需要从格勒纳勒大街*发出指令。所以我们说：19 世纪末，时任国民教育部部长儒勒·费里（Jules Ferry）掏出表来看了看说，这个时间全法国所有小学生都在由老师带着做听写练习。如果说为了创建教育体系，让每个孩子取得学业成功，渐渐培养他们勤勉好学的精神并不断提高素质，这种中央集权在当时是必不可少的，但它已不再适合 21 世纪的要求。事实上，受教育人群和教育背景的多样化要求教育的多样化，特别是为了突出学校特色和吸引力，需要建立特色教学计划。此外，教师的投入和担当是打造凝聚力、取得共同进步的关键因素，而中央

---

* 法国国民教育部坐落于巴黎塞纳河畔的格勒纳勒大街。——译者注

集权以及教学和行政的对立分割导致了教育主体各自推卸责任。

20世纪80年代，地方分权法律相继颁布，小学基础设施的物权下放到市镇，初中的下放到省，高中的则下放到学区。2006年以来，分配到初中和高中的非教学人员的人事管理权也下放到了地方。但是教学仍长时间保持中央集权的模式。

近些年来，权力下放的趋势已经日趋明显。2005年《为了学校未来的规划与导向法》中第34条就开放了教育实验权，虽在最积极的区域开展了不少创新实验，但国民教育部无疑对此并没有充分重视，教育从业主体也没有完全领会政策的意图。此外，相继开展的2011年高中改革和2016年初中改革都不断扩大校长的自治权，允许校长更自由地分配部分教学时间。以促进教育机会均等为目标的"为了小学、初中与高中的志向与成功"改革也沿袭了这一思路，给予校长选聘教师的权力。

尽管权力下放的趋势日渐清晰，但基层原则似乎尚未在国民教育体系中得以落实。在法国集体潜意识中，似乎地方自治就会削弱教育系统的国民属性。这种深入骨髓的雅各宾派质疑精神无疑解释了推动扩大地方权力过程中遇到的重重困难。

国际比较告诉我们

组织行政的国际比较并不简单。事实上，在地方分权和自治的浪潮下，法国是世界上少有的教育领域中央集权的国家之一。这是法国看上去不同于其他国家的一个前提。此外，有意思的是，我们观察到德国在本世纪初经历了"PISA 冲击"之后强化了国家框架，设立了**"教育标准"**（Bildungsstandards），或称为国家标准，在各州部长联席会议中引入了协调机制。

因此，前提的差异不应妨碍开展对其他国家的研究。其实，他国的经验为法国基层原则的酝酿提供了参考，引导我们在保留教育系统国家框架的同时，思考下一步的行动。

在加拿大魁北克省，教育委员会是地方教育行政机构，管理地方教育。该省的官方语言为英语和法语。教育委员会负责本地区全部基础教育的工作，还有职业教育和成人教育的工作。魁北克共有 72 个教育委员会，其中 60 个在法语区，9 个在英语区，2 个地区使用当地语言，还有 1 个地区既讲法语又讲英语。各地区教育规模差异较大，魁北克全省共有学生 90 万名，仅蒙特利尔教育委员会就管辖学生 9 万名，博阿努瓦河谷教育委员会管辖 7800 名中小学生、2000 名继续教育学生与 800 名职业教育学生。

教育委员会的使命就是组织教育，细则如下[76]：

——保障本地区的学生、青年和成人接受应有的教育；

——均衡地分配各校资源，并考虑特殊需求及不同社会经济背景的差异；

——为社区组织并提供文化、社会、体育、科学或社区服务；

——参与辖区内不同领域（娱乐、文化、就业、经济、卫生、社会服务与公共安全）战略规划的制定；

——向魁北克省教育、娱乐与体育部，以及人口部门汇报教育情况。

教委主任负责教育委员会管理，引领各类行政事务。教委主任由普选产生，任期四年。教委主任要定期向地方选民汇报工作。为保障民主，教育委员会鼓励公民积极参与地方教育问题的讨论。[77]

同样地，美国**特许学校**（charter school）的模式也是很好的参考，它深入基层，恰当地解决了一类重大难题。美国在 1991 年设立了面向全社会的新型世俗学校——特许学校。

这类学校经常是在贫困地区的家长和教师的倡导下建立的，由公共财政提供经费。公共权力部门直接支持这项做法，按照传统公立学校的生均成本按人口给特许学校一笔经费。

每所特许学校制定自己的章程，章程类似一个远大的教学目标，联合学校所有教职员工，确定要达成的目标。为此，学校在实施教学大纲和教师聘任上享有极大自由。特许学校每 3—5 年接受一次评估，主要是考察学校是否达成了章程的既定目标，也就是学生的学业成绩。如果评估不合格，行政部门有权撤回特许学校的资质和经费。

所以自由、自治和担当责任是建立特许学校的核心原则。这些措施可以吸引到积极的教师，鼓励所有教职员工为实现学校章程的既定目标努力。

今天，全美约有 6000 所**特许学校**，接收了超过 200 万名学生。

但也有研究显示，美国的**特许学校**[78]或者英国的**自由学校**（free school）[79]都成本过高，收效甚微。这些研究表明，单纯赋予自治权不能产生成效。相反，"教师效应"的力量才是学校系统革新的关键，值得长久地培育并促进（参见上一章）。自治并不是解决问题的灵丹妙药，还需要教师教育（"教师效应"）以及通过国家标准和问责机制来调整自治权。

科学告诉我们

2010 年，麦肯锡咨询公司发布了一份题为《持续改善教育系统的关键要素》的研究报告。[80]这份报告对全球 20 多个取得了重大教育成就的国家教育系统进行了观察，并总结了其成功的路径。报告特别指出，中央集权或者说非赋权地方自治的组织形式，事实上取决于教育系统的发展水平。因此，"表现欠佳的教育系统，其改善主要得益于执行中央政策的创新，中央制定并推广适合于学校和教师的教学实践。这种方式不适合已经达到高效水平的教育系统"。在那些被认为高效的教育系统中，如果中央给予地方不断发挥的空间，允许地方因地制宜地组织教学，就会持续产生教育成果。此外，研究援引了新加坡作为基层原则发挥良性效应的例子。"新加坡很好地展现了教育系统如何不断赋予地方自由的权力，来实现教育成效的不断提升。20 世纪六七十年代，新加坡的教育还是非常集权的，教育表现平庸。1988 年，为了促进教育高效发展，新加坡政府首次放权。1994 年再次放权，从而实现了今天的卓越表现。"

这份报告还强调了地方组织结构在提高并改善教育效果中的重要性。在这一点上，加拿大独特的组织形式给予了很好的回答，教育委员会从家庭开始，大力动员全社会参与到教育导向工作中。

我们要做的

为了满足学生的需要和学业成功的要求，教育系统在行政组织上有双重任务：

——思索各级地方政府之间的关系；

——缓解行政与教学两种职能之间的冲突。

实现上述双重任务的途径是要建立多方之间的平衡和信任。达到这一目标的关键则是让所有教育参与者承担责任，这要建立在两条基本原则之上：问责制度和合同制度。

这一点上，**基层原则**提供了很好的思考方向。全国一盘棋和教育公平明显是先决条件，但效果则要依靠基层，让最基层的人员有所担当，让各级人员各尽其责。

第二条原则为**合同制**。还是要通过签订合同来确定责任。这就意味着要赋予合同比现在更重要的意义，不管是私立还是公立机构。教育系统中不乏合同制的概念，特别是学校制定的教育规划就是很好的体现。但这种合同关系常常是虚的，或是没有实际效力的美好愿望。未来必须要让地方教育相关者、教师和校长承担责任，他们最了解学生的需求，因此也能够为满足这些需求提出最好的策略。

在这些原则的基础上再来思考不同级别地方政府之间的关系，以及教育系统中不同主体的角色问题。

基本方案

第一方案是**维持现行教育系统的组织形式**，但要改变内部主体的职责，来回应已经非常明晰的挑战和需求，同时要比今天更强地突出合同关系。借助自治、问责和优秀的干部队伍来寻求更好的表现，应该成为长期的目标。

因此，如果保留学区和学区管理层，那么中小学校就必须发生改变。

在小学，正如前文讨论过的，教学比组织更重要。从预算角度来看，增加 45000 个小学校长岗位是无法实现的。因此就要在现有的职级内把增强学校的教学领导力作为工作重点，要让最有经验的老教师来承担关键年级的工作，即幼小衔接的大班和一年级。

在中等教育机构，**拉近行政与教学**也是关键。前文已多次谈到，为实现这一目标，必须要推广团队合作的模式，鼓励围绕校长成立工作小组。根据学校规模，工作小组成员为 5—10 人不等，包含校长、副校长、资料管理员、年级组长和各学科负责人。

这种新的运转模式发挥效力的前提是校长掌握聘任权，**至少有权决定工作小组的成员人选**。这样，校长就可以依据能力来聘任可以承担特殊职责的教师。另外这种做法也可以用于现行的行政岗位聘任。正如很多国家的做法一样，校长选贤任能的做法可以进一步推广。我们已经看到，这种做法可以改变法国迄今的人力资源管理是纯粹行政管理的模式，真正按照学生需求选择有能力的教师上岗。

此外，为了确保学校规划的执行并促进既定目标的达成，我们要支持教育行动的持续性。因此，要在校长任职期限和工作合同中找到一个平衡点。就这一点来说，**五年一任期，可续聘一次**，算得上是一个理想的期限。这一原则还可以在教育系统各级行政岗位上推行，比如学区负责人、学区长，这样他们在同一岗位上的工作时间会比现在长。国民教育部部长任职期限也按照这个原则执行就更理想了。

在此框架下，教育督导的理念也要深刻改变。督学要考察学校在一届任期内的运转情况、团队合作质量、家校合作的结果。在学校内部，则由校长来考察教师的工作，当然校长要结合督学的分析以及其他可以借助的依据，比如在出现严重矛盾时，求助于学区长。在这一新的过程中，学生的学业成绩表现成为评估的主要依据。所以督学的责任自然转化为提供更为团队化、建设性、透明的任务咨询。

为了深化教育督导文化改革，似乎还有必要打破行政管理层与督导部门之间的隔阂，并促进二者的协同合作。

最后，在这一基本方案框架下，还要关注**差异性的问题**。有一些地区，特别是困难地区，需要更加密集的社会网络，需要陪伴，需要更强力的支持，需要暂时性地输入有经验的行政干部和教师。在这一方面，我们要给予最需要开展教育实验的地区一定的权力。从这个角度讲，又回到了校长的问题上：在学习困难最多的地区，需要增加预算拨款来激励校长"全职"投入工作，作为领导，能够建立并加强与家庭之间的关系，特别是那些常常远离学校文化的家庭。因此，利用差异化策略来回应地区的多样性——问题以及需求的多样性。

在这一框架下，教育系统还要继续支持私立教育。今天，在法国基本宪法原则下，私立教育为完善国家教育服务做出了重大贡献。私立教育以其开展创新实验的能力、参与当代社会和社会化重大变革的能力，将成为公立教育服务体系更重要的合作伙伴。

优化方案

在上述改进策略之外，我们要懂得让步，学会审视教育系统组织的目的。显然，无论采取上述哪条路径，需要强调的是，中小学校运行良好，教育系统才能运行良好。教育系统因其所提供的服务而存在。其首要目标，甚至是教育的唯一目标就是学校的运转。因此中层管理队伍的质量是关键。在一个以自治和领导力及其结果为优先的运行机制中，管理干部的责任和质量是效率的前提。实际上，就是要让教育主体承担起责任，而且是在一个关注绩效的体系内。再次重申，为了真正的改革，教育系统需要找到一个平衡点。

为达到这一目标，我们要有能力对学校进行**明确的、有目的的、全面的诊断**。然而，这也恰是我们由于之前提到的教学与行政边界不清而欠缺的。学校必须从自身出发，遵循前文谈到的整体和团队合作的精神，以更加有组织、更系统化的形式来开展自评。为此，我们可以建议**每**

所学校每三年开展一次评估，在总体任务的框架下，也包含行政管理方面，从校舍维护到食堂卫生，以及与社区的友好关系、课外活动等内容。评估最后形成**学校和学区之间的合同**，作为下一轮评估的基础。

这项措施对教育系统提出了极高的要求，因为按照三年一轮的话，对 11400 所初中和高中（如果把职业高中交给学区的话，参评学校总数降至 9800 所）开展评估，就意味着每年评估 3000—4000 所学校。还需要明确评估的需求和评估人员的组成。所以这就需要建立一个评估机构，依据重要的科研成果和国际实践，承担当前学区长所承担的教育督导任务。这同样还涉及未来教育体系中国家总督学的使命问题。**最起码，** 当前两个总督导办应该合并。

教育诊断工作将加强**校长的权力，** 使校长能够跨越传统上教学与行政二元对立，动员他的团队服务于学校规划。因此，在这一框架下，督导将不复存在，一部分职能让位于外部机构的评估，一部分职能让位于校长对学校人员贡献的评估，特别是评估教师完成使命的情况。这项评估仍以客观性为原则，并依据可测量的学生学业表现，依据教师通过测试促进学生进步的能力，以及教师在学校内部工作的参与度。在这项任务中，校长受益于地方教育督学对学科和教学的观察。当教师和校长对于目标或结果意见不一致时，可以诉诸外部机构的帮助。

新的评估理念以校长非常熟悉每位教师为前提。这只有借助前文提到的团队合作才可能实现，只有团队合作才可能让校长拿出更多的时间与教师建立联系。另一前提则是要减少校长参与调研和汇报这类耗费精力的工作。最后就是保障校长工作的连续性，在前文有所论述。有了这些前提，才能让校长真正成为学校的领导者，而且会是一所运转良好的学校的领导！

校长责任制、绩效的原则还要求**重新思考薪酬制度**。新的教育系统应该严格地明确绩效奖励办法。我们可以假设，好的评估结果可以给学校和参与主体，特别是校长格外的奖励，鼓励开展新的教育规划。相反，负面的评估结果则表示需要加强协助和支持，为下一次评估做准备。另外，第二种情况下，评估期限可以从三年缩短至两年。

评估工作也是一个**重新组织、理性规划学校版图**的机会。这项工作应具有弹性，但也是清理边缘的契机，特别是整合一些小规模学校的契机。

即便是优化方案，改变学校地位既不可行也非顺应民意。相反地，我们需要深化调整上层结构，也就是当前的国民教育总督导。

其实在**高效的层级逻辑**中，还要重新思考中间层次。

这首先要求建立一种更接近基层的行政区域，但又不同于省。这一区域也可以有一些周边范围，就像督学责任区，但又不像后者仅限于初等教育。这应该是一个基础教育阶段的行政区域，包含小学和初中。在其结构顶端，有一个行政和教学的负责人。这种新的组织形式继而拉近了初中校长和国家督学，两者可以轮流承担学校管理和区域教育引领的工作。这一设想与当前教育实践相去甚远，但它将造成深层效果，最终实现跨越小学和初中之间的历史性鸿沟。

新教育区域的首要任务是教学，特别是致力于读、写、算、尊重他人等优先目标。此外还有社会参与的问题，特别是让家长参与到行政工作中，正如加拿大教育委员会的做法。同样地，如前文所述，按照会考前三年（高中）和会考后三年（本科）的逻辑，高中校长和地方教育督学也将联合组成**新的团队**，打开通往高等教育的大门。这种联合还将终结教学与行政等级的二元对立。此外，这将对于人力资源管理产生积极影响，人员的流动性更强，职业道路更为宽广透明。

我们不是要移植魁北克省教育行政区负责人选举的体系，因为这并不符合法国的传统，但我们仍要鼓励家庭参与的机制。新的地方组织形式为这种机制的发展提供了便利，因为区域负责人的任务之一就是要定期与学生家长代表会谈，这是"家长书包"政策的延伸，并最终实现对教育的共同责任。**今天，我们常谈论共同教育（coéducation），未来，我们会谈论教育的共同责任。**

对于其他层次的组织，有以下两种可能：

• 第一种就是为国家整体国土规划背书，将现有的 30 个学区整合为 13 个。"超级学区长"成为决策者，协调评估和教学组织的工作，协助支持义务教育区域和高中，省级行政单位仍然可以保留。学区督学–教育局局长（IA-DASEN）是学区长在各省的副手，主要负责各类管理和行政事务。这种组织形式有两个优点：简单化，接近专注教学的义务教育区域。

• 第二种假设，更激进些，旨在突出接近基层以及在新的教育区域内对行政和教学的关注。这将导致教育组织的重大变化，主要是要合理调整新的组织区域和学区的行政和管理功能。

教育系统组织的关键对策

1. 在教育系统内强化合同的概念。

2. 加强对小学教学的引导，尽可能让最有经验的教师承担幼小衔接年级的教学。

3. 推动组建以校长为中心的工作团队，鼓励教师承担更多的责任。小组成员可以采取选贤任能的方式聘任。

4. 减少校长参与调查和汇报的工作，让校长更专注于学校规划的实施和教师的工作。

5. 校长的任职期限设定为五年，可连任一届。

6. 鼓励在改革需求最强的地区开展教育实验，比如在学困集中的地区增加全职管理岗位。

7. 深入反思教育督导的理念：推动对学校的三年评估机制，由学区长组建团队对学校进行全方位评估。在特殊困难情况下，评估后签订合同，作为常规辅导工作的依据。

8. 逐渐推进由校长依靠学科专家开展对教师的评估工作。

9. 合理规划学校版图，鼓励区域内合作。

10. 义务教育阶段建立新的区域，与现行的督学责任区相对应，从而调和行政与教学之间的紧张，打破小学和初中之间的分界。

11. 重新思考国民教育的行政区域版图，法国本土形成 13 个学区。

结　　论

　　幼儿园阶段学习语言，从而为基础知识的学习做好准备；小学阶段学会阅读、写作、计算以及尊重他人；初中阶段加强所有学生知识、能力与文化的核心素养，同时提供个性化的学业辅导；高中阶段则要为未来生活做好准备，不管学生选择毕业后直接就业还是继续深造。这就是一个锐意革新的国民教育部为法国教育描绘出的一个简单明了又具体的蓝图。

　　为实现这些明确的目标，教育体制改革需要赋权于从教主体，全社会尊师重教，并且培养教师在日常教学中开展课堂和教学创新的能力。新的人力资源管理政策和经费分配模式将促进基层实际评估方式的改变，并提高绩效。

　　本书讲到的基本方案和优化方案，为这些目标的实现指出了一条实用主义兼志存高远的路径。基本方案旨在全国范围内推广，而实施优化方案则偏向于一种教育实验的逻辑。所以在亟须改革的地区采用优化方案可以验证很多假设，继而可以具体评价方案的有效性并得出结论。

改革特别要从建立新的教育组织形式开始。今天法国亟须改革的地区，可以自愿试验一种新的地方组织形式，从幼儿园到初中的整个基础教育阶段，由国民教育部推动并协助，在校长、家长和地方代表的支持和合作下，共同致力于改善教育状况。

这些重大选择会成为改革的基础，它们可以在信任和平衡这些大原则下将整个法兰西团结在学校周围。

首先是信任，因为未来的决策需要了解地方教育需求，了解当前法国和世界的教育情况。信任也是我们为教育设定的终极目标。事实上，学校与学校教师之间相互信任，教师与家长之间相互信任，教师与学生之间相互信任，最终使学生建立自信，正是教育教学工作成功的关键。

身处不断变化的社会中，特别是随着数字技术革新，这种信任的建立得益于一种平衡的精神。其实我们应该融合传统的与现代的、我们继承的和我们要发展的、人文的和技术的，从而可以让我们的孩子和学生们在充满自信和相互信任的社会中成长。这种责任、平衡和尊重他人的精神，将会比今天法兰西共和国的座右铭——自由、平等、博爱更适用。

注　释

1. Stanislas Dehaene, *Les Neurones de la lecture*, Odile Jacob, 2007.

2. Maria Montessori, *Pédagogie scientifique. La découverte de l'enfant*. Desclée de Brouwer, 1958.

3. Betty Hart et Todd Risley, "The early catastrophe", *Education Review*, 2004, 77（1）：100-118.

4. Maria Montessori, *Pédagogie scientifique. La découverte de l'enfant*. Desclée de Brouwer, 1958. Ewing Mortimer Standing, *Maria Montessori. Sa vie, son œuvre*. Desclée de Brouwer, 1995.

5. Haut Conseil de l'Éducation, *L'École primaire. Bilan des résultats de l'École*, 2007.

6. 2000—2012 年期间，数学、阅读和科学三门课程的学业困难的学生比例分别上涨 124%、24%、10%（OECD，PISA，2012）。

7. "小学一年级新生的水平在 1997—2011 年期间首次显著上升"，2013 年 11 月国民教育部预测与评估司摘要。

8. 2013 年教学课程大纲降低教学要求，仅仅保留部分知识点，特别是语音和字母，无法保障学前与小学学习衔接。

9. 最近一次的 PISA 分析显示"未接受学前教育的学生处于成绩分布曲线下位的概率高出 1.84 倍"。OECD，*Perspectives de l'éducation 2015. Les réformes en marche*，janvier 2015.

10. 同 9。

11. Bruno Suchaut，"La gestion du temps à l'école primaire：diversité des pratiques et effets sur les acquisitions des élèves". *L'Année de la recherche en éducation*，1996：23-153.

12. Alain Bentolila，*L'Acquisition du vocabulaire à l'école élémentaire*. Rapport au ministre de l'Éducation nationale，février 2007.

13. Pascal Bressoux, Marc Gurgand, Nina Guyon, Marion Monnet, Julie Pernaudet，"Évaluation des programmes de réussite éducative". *Rapport IPP n°13*，mars 2016（http：//

www. ipp. eu/wp-content/uploads/2016/03/evaluation-pre-pro-greussites-educ-rapport-IPP-mars 2016. pdf）．

14. "Mathématiques en fin de collège: une augmentation importante du pourcentage d'élèves de faible niveau", *Évaluation des acquis des élèves. Note d'information n°19*, mai 2015.

15. Éric Charbonnier, préface à *Le Numérique pour réussir dès l'école primaire*, Institut Montaigne, Rapport mars 2016.

16. 幼儿智力初步测试法（The Carolina Abecedarian Project）或佩里学前教育研究项目（Perry Preschool）。

17. PISA 资料库。

18. 2015 年 2 月国民教育部预测与评估司摘要。自上一期摘要出版以来，法国小学生均经费情况一直在恶化。

19. James J. Heckman, "The case for investing in disadvantages young children", *Big ideas for children: Investing in Our Nation's Future*, First Focus, 2008.

20. Joseph K. Torgesen, "Catch them before they fall: Identification and assessment to prevent reading failure in young children", *American Educator*, 1998, 22（1-2）: 32-39.

21. 参见 Michel Zorman, Michel Duyme, Sophie Kern, Marie-Thérèse Le Normand, Christine Lequette, Guillemette Pouget, "'Parler bambin' un programme de prévention du

développement précoce du langage", *Revue ANAE*, 2011, n° 112-113. 及米歇尔·佐尔曼 (Michel Zorman) 在国民教育部接受的访谈: http: //eduscol. education. fr/pid26573/webtv. html? mode_ player = 1&theme = 211&video = 218774.

22. 诞生于美国 20 世纪 60 年代的教学运动,清晰的教学取决于课程结构条理分明、内容严谨,内容由浅入深,遵循认知能力发展规律——学生的理解能力、吸收能力和记忆能力。每一节课都按照同样的结构: 设定情景、唤醒在已有认知图式指导下的自主学习、复习、评估。关键在于让儿童将注意力放在学习重点、记忆点之上,从而理解每个练习所对应的难点。对于法语语言使用者,可以着重参考 F et B Appy 网站: http: //formapex. com/。

23. Jean Decety, "L'emphathie est-elle une simulation mentale de la subjectivité d'autrui ?", *in* Alain Berthoz, Gérard Joland (éd.), *L'Empathie*, Odile Jacob, 2004: 53-88.

24. Brain Butterworth, Yulia Kovas, "Understanding neurocognitive developmental disorders can improve education for all", *Science*, 2013, 340 (6130): 300-305.

25. 请特别关注法兰克·拉姆 (Franck Ramus) 有关儿童学习困难与其出身的研究: http: //www. college-de-france. fr/site/stanislasdehaene/symposium-2012-11-20-10h30.

htm 及 Hervé Glasel，*Une école sans échec. L'enfant en difficulté et les sciences cognitives*，Odile Jacob，2013.

26. 参见"教师职业生涯"一章。

27. 基于印度与肯尼亚的经验，经济学家埃斯特·迪弗洛（Esther Duflo）表明，在特定条件下，在教师身旁——青年教师沿用确切的方法，可以促进阅读学习。参见 Esther Duflo，*Le Développement humain. Lutter contre la pauvreté I*，Seuil，2010：44-52.

28. OECD，*Regards sur l'éducation*，2015.

29. Pascal Bressoux，Laurant Lima，"La place de l'évaluation dans les politiques éducatives. Le cas de la taille des classes à l'école primaire en France"，*in* Georges Felouzis，Sigfried Hanhart（éd.），"Gouverner l'éducation par les nombres? Usages，débats，controverses"，*Raisons éducatives*，2011，n°15，De Boek：99-123.

30. 参见彼得·布拉奇福德（Peter Blatchford）论文摘要，http：//www.education.com/reference/article/class-size/。

31. 2014 年，政治学院政治研究中心的调查机构 OpinionWay 指出，67%的法国人对学校有信心，而 2012 年这一比例为 73%。

32. "PIRLS 2011. Étude internationale sur la lecture des élèves au CM1. Évolution des performances à dix ans"，*Note*

d'information n°12. 21 décembre 2012.

33. DEPP, "Lire, écrire, compter: les performances des élèves de CM2 à vingt ans d'intervalle 1987 – 2007", *Note d'information*, décembre 2008.

34. Joseph K. Torgesen, "Catch them before they fall: Identification and assessment to prevent reading failure in young children", art. cit.

35. 参见 Pascal Bressoux, "Les recherches sur les effets-écoles et les effets-maîtres", *Revue française de pédagogie*, 1994, 108 (1): 91-137.

36. Stanislas Dehaene, Ghislaine Dehaene-Lamberts, Édouard Gentaz, Caroline Huron, Liliane Sprenger-Charolles, *Apprendre à lire*, Odile Jacob, 2011: 68-100.

37. 其中之一为语音与手势教学法，这种方法基于基础语音教学法，加入视觉上的手势辅助，有效提高教学效率。

38. Michel Fayol, *L'Acquisition du nombre*, PUF, "Que sais-je", 2013.

39. Sandrine Garcia et Anne-Claudine Oller, *Réapprendre à lire*, *de la querelle des méthodes à l'action pédagogique*, Seuil, 2015.

40. 选自塞西尔·多马（Cécile Daumas）对桑德琳·加西亚（Sandrine Garcia）和安妮-克劳汀·奥雷（Anne-Claudine Oller）的采访："Il y a une instrumentalisation politique de l'apprentissage de la lecture"，*Libération*，31 aôut 2015.

41. Michel Fayol，L'Apprentissage de l'orthographe，http：//www. college-de-france. fr/site/stanislas-dehaene/symposium-2012-11-20-14h30. htm.

42. Érasme，*Lettre 56*，*à Christian Northoff*，1497.

43. 由安德烈·昂迪比（André Antibi）2000 年提出，2003 年成立"对抗致命恒变量运动"（Mouvement de lutte contre la constante macabre）联合会，昂迪比推崇"基于信任协议的评估系统"。

44. Institut Montaigne，*Le Numérique pour réussir dès l'école primaire*，mars 2016.

45. Edgar Morin，"Culture adolescente et révoltes étudiantes"，*Annales*，1969，vol. 24，n°3：765−776.

46. Emmanuel Kant，*Traité de pédagogie*（1803，trad. Jules Barni）.

47. 有关统一中学的诞生，参见 Antoine Prost，*Du changement dans l'école. Les réformes de l'éducation de 1936 à*

nos jours, Seuil, 2013.

48. 事例参见 http：//www. institutmontaigne. org/fr/ publications/le-numerique-pour-reussir-des-lecole-primaire.

49. Philippe Aghion, Gilbert Cette et Élie Cohen, *Changer de modèle*, Odile Jacob, 2014.

50. Francesco Avvisati, Marc Gurgand, Nina Guyon, Éric Maurin, *Quels effets attendre d'une politique d'implication des parents d'élèves dans les collèges ? Les enseignements d'une expérimentation contrôlée*, Rapport pour le Haut Commissaire à la Jeunesse, 2010.

51. Dominique Goux, Marc Gurgand et Eric Maurin, *Aspirations scolaires et lutte contre le décrochage*, Rapport final pour le Fonds d'expérimentation pour la jeunesse, juin 2014.

52. Luc Behaghel, Clément de Chaisemartin, Axelle Charpentier et Marc Gurgand, *Les Effets de l'internet d'excellence de Sourdun sur les élèves benéficiaires. Résultats d'une expérience contrôlée*, 2013.

53. Jacques Julliard, *L'école est finie*, Flammarion, 2015.

54. 参见"教育系统的组织"一章。

55. 有关共同初中的构想，参见让-米歇尔·布朗盖《关于生活的学校》（*L'École de la vie*），Odile Jacob, 2014：

89 页起。

　　56. 有关"核心素养"重新定义的梗概，参见《关于生活的学校》68—74 页。

　　57. 文中提及的《战胜贫困Ⅰ》　　（*Lutter contre la pauvreté* Ⅰ）中，埃斯特·迪弗洛在曾于肯尼亚开展的试验基础上，证实成绩薄弱的学生和成绩优异的学生均可得益于兴趣小组。"我们观察到，分级小组帮助成绩薄弱的学生更快地掌握基础知识，成绩优异的学生在优秀小组中也取得了特别的进步。实验验证了教学，特别是适合学生水平的教学的重要性。"（第 51 页）

　　58. 在这一观点下，学校的资料中心可以转化为初中的核心部门，从数字技术上确保教育的公开性。资料管理员成为校长在数字化战略上的关键助手，负责学校数字化战略的构思与运用，从而改进学生的课时安排与教学实践。

　　59. Michel de Montaigne, *Essais*, Livre I, chapitre XXV.

　　60. Ministère de l'Éducation nationale, de l'Enseignement supérieur et de la recherche, *Repères et références statistiques sur les enseignements, la formation et la recherche*, édition 2015, octobre 2015.

　　61. Ministère de l'Éducation nationale, de l'Enseignement

supérieur et de la recherche，"Parcours et réussite aux diplômes universitaires：les indicateurs de la session 2014"，*Note flash*，février 2016.

62. Magali Danner，Marie Duru-Bellat，Séverine Le Bastard，Bruno Suchaut，"L'aide individualisée en seconde. Mise en route et premiers effets d'une innovation pédagogique"，*Les Notes de l'Irédu*（Institut de recherche sur l'éducation：sociologie et économie de l'éducation），février 2001.

63. 参见蒙田学院 2016 年 1 月发表的《地方分权解决困惑》（Décentralisation sortons de la confusion）报告，蒙田学院建议"将教育机构的全部责任、财政与人事管理、章程等移交地方政府管辖"。

64. Charles Péguy，Œuvre en prose complètes，tome I，Gaillard，"Bibliothèque de la Pléiade"，1987：1058.

65. Devenirenseignant. gouv. fr ；http：//www. lemonde. fr/etudes-superieures/article/2015/09/21/concours-des-professeurs-des-ecoles-le-grand-ecart-de-la-selection _ 4765929 _ 4468191. html.

66. DEPP，"TALIS 2013. Enseignant en France：un métier solitaire?"，*Note d'information*，juin 2014.

67. Harris Interactive pour le SNUipp-FSU，*Les*

Préoccupations des enseignants de primaire. Comment perçoivent-ils leur métier aujourd'hui ? Quels enjeux émergent au centre de leurs préoccupations ?, janvier 2016（http：//institut. fsu. fr/Les-preoccupations-des-enseignants-de-primaire. html）.

68. *Des facteurs de valeur ajoutée des lycées*, rapport de l'IGEN et de l'IGAENR, juillet 2015.

69. Pascal Bressoux, "Histoire et perspective des recherches sur l'effet-maître" *in Recherche sur l'évaluation en éducation*, Paris, L'Harmattan, 2007.

70. Eric A. Hanushek, *Teacher Quality*, Hover Press, 2002.

71. 这样的实验项目早在 2009 年起就在克雷泰伊学区开展过，项目还得到了欧洲宇航防务集团（EADS）基金会的支持，其前任总裁路易·加洛瓦（Louis Gallois）本人也参与其中。项目为致力于从事科研并且理科成绩优秀的学生提供了 80 份奖学金，支持他们的学业发展直至大学毕业。

72. 雷米·布瓦耶（Rémi Boyer）主持的协会"教学之后"正是致力于这项工作。参见 Rémi Boyer et José Mario Horenstein, *Souffrir d'enseigner … Faut-il rester ou partir ?*, Mémogrames, 2015.

73. Charles Péguy, *Œuvre en prose complètes*, op. cit. : 1058.

74. OECD, *TALIS 2013* （"Teaching And Learning International Survey"）, 2014 （http：//www. oecd. org/edu/school/talis-2013-results. htm）.

75. 这项政策曾于 21 世纪头十年的末期在克雷泰伊学区尝试。

76. 资料来源：魁北克教育委员会联盟网站：http：//fcsq. qc. ca/。

77. 然而必须要指出，教育委员会竞选的参与度不高。在最近一次 2014 年的选举中，投票率上升至 5. 54%，在英语为官方语言的教育委员会中，投票率增长至近 17%。

78. Caroline M. Hoxby, *A Straightforward Comparison of Charter Schools and Regular Public Schools in the United States*, Department of Economics, Harvard University, 2004.

79. Andrew Eyles, Claudia Hupkau, Stephen Machin, "Academies, charter and free schools：Do new school types deliver better outcomes?", *Economy Policy*, octobre 2015.

80. https：//mckinseyonsociety. com/downloads/reports/Education/Education_Intro_Standalone_Jan12_French. pdf. 此项调查是 2007 年出版的研究的后续，题目为《表现最为出众的教育系统成功的关键》（*Les clés du succès des systèmes éducatifs les plus performants*）。

出 版 人　李　东
责任编辑　翁绮睿
版式设计　杨玲玲
责任校对　贾静芳
责任印制　叶小峰

图书在版编目(CIP)数据

未来的学校：基础教育革新建议／(法)让-米歇尔·布朗盖著；刘敏，张自然译. —北京：教育科学出版社，2018.12(2021.5 重印)

ISBN 978-7-5191-1534-0

Ⅰ.①未… Ⅱ.①让… ②刘… ③张… Ⅲ.①基础教育—教育改革—研究—法国 Ⅳ.①G639.565.1

中国版本图书馆 CIP 数据核字(2018)第 114765 号

北京市版权局著作权合同登记　图字:01-2018-8386 号

未来的学校——基础教育革新建议
WEILAI DE XUEXIAO——JICHU JIAOYU GEXIN JIANYI

出版发行	教育科学出版社			
社　　址	北京·朝阳区安慧北里安园甲 9 号	市场部电话	010-64989009
邮　　编	100101	编辑部电话	010-64981252
传　　真	010-64891796	网　　址	http://www.esph.com.cn
经　　销	各地新华书店			
制　　作	北京金奥都图文制作中心			
印　　刷	中煤(北京)印务有限公司			
开　　本	890 毫米×1240 毫米　1/32	版　　次	2018 年 12 月第 1 版
印　　张	4.75	印　　次	2021 年 5 月第 2 次印刷
字　　数	72 千	定　　价	32.00 元

如有印装质量问题，请到所购图书销售部门联系调换。